SARAH

KREATIVER KOPF VON PAUL & CLARA

Paul & Clara? Dahinter stehe ich, Sarah: Designerin, Nähfee und Mama. Alles mit Herz und Seele. Nach über 10 Jahren in der Werbebranche habe ich nun mit Paul & Clara mein Herzensprojekt verwirklicht.

Zusammen mit meinem Team erstelle ich liebevolle Plottdateien, Applikationsvorlagen und Stickdateien für euch, mit denen ihr euren Alltag und den Kleiderschrank eurer Kinder bunter und schöner machen könnt. Besucht mich gerne mal und schaut euch an, was ich so mache: www.paulundclara.com

Ich möchte dir die Angst vor dem Plotten nehmen. Denn es ist gar nicht so schwer, wie es vielleicht aussieht. Und vor allem kann ein Plotter viel mehr als nur Flexfolie schneiden! **Lasst uns zusammen ein paar tolle Projekte umsetzen!**

Inhalt

Grundlagen ALLES, WAS DU WISSEN MUSST

Workshop KREATIVE PROJEKTE

Thermotransfer

Übungsdateien

DU FINDEST ALLE DATEIEN DIE IN DIESEM BUCH VERWENDET WERDEN HIER:

paulundclara.com/plotter1x1

Passwort: puc_plotter

Vinyl

Papier & Besonderes

Plotten?

WAS IST DAS EIGENTLICH?

Plotten, ein Buch mit sieben Siegeln, wenn man das erste Mal davon hört – und erst recht, wenn man dann vor diesem wundersamen Gerät steht.

Mir ging es nicht anders, als ich verzweifelt versucht habe, mein erstes Bügelbild zu plotten. Allein die Suche nach der richtigen Seite der Folie hat mir einige graue Haare beschert. Ganz zu schweigen von den unzähligen Folien, die im Müll gelandet sind ...

Ich kann euch beruhigen! Es ist wirklich gar nicht so schwer, wie es anfangs vielleicht aussieht!

Aber jetzt erst mal von Anfang an – was ist ein Plotter?

Ein Plotter (aus dem Engl. plot = zeichnen abgeleitet) ist ein Gerät, das Linien und Kurven vektorbasiert auf verschiedene Materialien übertragen kann. Der Schneideplotter funktioniert ähnlich wie ein normaler Tintenstrahldrucker. Er fährt auf einer Achse hin und her, während das Material nach unten und oben geschoben wird. Dabei schneidet er mit einem kleinen Messer, anstatt zu drucken.

Eine der beliebtesten Marken für Plotter ist Brother. Auf den Geräten dieses Herstellers basiert auch dieses Buch.

Besonders beliebt ist der ScanNCut durch den integrierten Scanner mit dem eigene Designs in Schnittdateien umgewandelt werden können – auch ohne einen Computer oder zusätzliche Software.

Man kann praktisch alles einscannen – Zeichnungen, eigene Handskizzen, Bilder aus Zeitschriften oder Fotos. Die Maschine wandelt alles ganz automatisch in Schnittlinien um.

Es gibt verschiedene Geräte von Brother: Den ScanNCut CM 300, CM 700 und CM 900.

Mit dem DesignNCut ist ein neues Mitglied der Hobbyplotter-Familie von Brother eingezogen. Im Gegensatz zum ScanNCut besitzt er keinen Scanner und keinen Bildschirm. Du brauchst daher immer einem PC, um mit ihm arbeiten zu können.

Welches der Geräte für dich geeignet ist, hängt ganz davon ab, wie viele vorinstallierte Schriften und Designs du gerne hättest und welches Zubehör du brauchst. Beim teuersten Modell, dem CM 900, ist z. B. sehr viel Zubehör bereits enthalten und zusätzlich 15 Schriften, sowie über 1000 Designs vorinstalliert.

Alle Geräte haben den selben Schneidebereich und die gleiche Schneidekraft. Sie unterscheiden sich technisch also nicht wirklich.

Brother-Geräte im Vergleich

	DESIGNNCUT DC 100	SCANNCUT CM 300	SCANNCUT CM 700	SCANNCUT CM 900
PREIS (UVP)	• 199 Euro	• 299 Euro	• 399 Euro	• 489 Euro
SCHNEIDE- BZW. SCAN-BEREICH	• Normale Matte 30,5 x 30,5 cm • Große Matte 30,5 x 61 cm	• Normale Matte 30,5 x 30,5 cm • Große Matte 30,5 x 61 cm	• Normale Matte 30,5 x 30,5 cm • Große Matte 30,5 x 61 cm	• Normale Matte 30,5 x 30,5 cm • Große Matte 30,5 x 61 cm
FUNKTIONEN	• Schneiden • Zeichnen • WLAN	• Scannen (300 dpi) • Schneiden • Zeichnen • Arbeiten ohne PC • Bildschirm (3,7 Zoll) • inkl. 5 Schriften & 600 Designs • max. 300 erkennbare Elemente	• Scannen (300 dpi) • Schneiden • Zeichnen • Arbeiten ohne PC • Bildschirm (3,7 Zoll) • inkl. 7 Schriften & 631 Designs • max. 300 erkennbare Elemente • WLAN • Farberkennung	• Scannen (300 dpi) • Schneiden • Zeichnen • Arbeiten ohne PC • Bildschirm (4,8 Zoll) • inkl. 15 Schriften & 1002 Designs • max. 500 erkennbare Elemente • WLAN • Farberkennung
MAXIMALE MEDIENSTÄRKE	• 1,5 mm bzw. 400g/m² Schneidekraft	• 1,5 mm bzw. 400g/m² Schneidekraft	• 1,5 mm bzw. 400g/m² Schneidekraft	• 1,5 mm bzw. 400g/m² Schneidekraft
SOFTWARE	• ScanNCut Canvas	• ScanNCut Canvas	• ScanNCut Canvas	• ScanNCut Canvas
MASSE	• ca. 50 x 18 x 16 cm – ca. 3,7 kg	• ca. 50 x 18 x 16 cm – ca. 3,7 kg	• ca. 50 x 18 x 16 cm – ca. 3,7 kg	• ca. 50 x 18 x 16 cm – ca. 3,7 kg

STAND 11/17

DEIN PLOTTER KOMMT MIT ALLEM, WAS DU ZUM START BRAUCHST.

DU FINDEST ALLE ANSCHLÜSSE SEITLICH.

Erste Schritte

PLOTTER ANSCHLIESSEN UND EINRICHTEN

AUSPACKEN

Jetzt wird es spannend. Packe den Plotter und das Zubehör aus und kontrolliere es auf Vollständigkeit. Je nach Modell ist verschiedenes Zubehör dabei.

BEISPIEL-AUSSTATTUNG:
Schutztasche für Zubehör
Netzkabel
Benutzerhandbuch auf CD
Gedruckte Kurzanleitung
Leicht klebende Matte 305 x 305 mm
Standardmatte 305 mm x 305 mm
2 Aufbügelblätter 305 mm x 406 mm
2 Klebefolien für Stoffschnitte 305 x 305 mm
Halter für Standard-Schneidemesser
Standard-Schneidemesser
Stifthalter
Satz mit Stiften in 6 Farben
Satz mit 2 löschbaren Stiften
Spatel
Touch pen
Halterung für Touch pen und Spatel
...

Entferne als Nächstes alle Klebebänder und platziere das Gerät auf dem Tisch.

ANSCHLIESSEN

Jetzt kannst du den Plotter ans Stromnetz anschließen und beginnen zu Plotten.

WAS BENÖTIGE ICH ZUM START?

Ein Standard-Messer und eine Standard-Schneidematte sind immer beim Plotter dabei. Doch du benötigst noch weitere Materialien, bevor du beginnen kannst:

Unentbehrlich sind: Ein Entgitterwerkzeug und ein Bügeleisen oder eine Thermotransferpresse.

Zusätzlich benötigst du das Material, das du gerne schneiden möchtest z. B. Folien, Papiere, Stoffe ...

Nicht nötig, aber im Ernstfall sehr hilfreich ist Ersatzmaterial. Also z. B. ein zweites Messer und eine weitere Schneidematte.

Bereit zu plotten?

ALLE CM-MODELLE VERFÜGEN ÜBER EINEN BILDSCHIRM ZUR BEDIENUNG, AUCH OHNE PC.

SETZE DEIN MESSER IN DEN MESSERHALTER EIN.

BETRIEBSARTEN

Der Brother ScanNCut kann auf drei unterschiedliche Arten genutzt werden – direkt am Plotter mit den vorinstallierten oder von dir abgespeicherten Mustern, mit am Plotter gescannten Vorlagen oder über im Plottprogramm erstellten oder importierten Vorlagen.

Das Besondere am ScanNCut ist, dass man auch völlig ohne Computer arbeiten kann. Er lässt sich komplett über den Touchscreen bedienen und verfügt über die nötige Software zur Bearbeitung der Elemente direkt auf dem Plotter. Arbeite hierfür entweder mit den vorinstallierten Mustern oder scanne neue Muster einfach ein.

Alle drei Möglichkeiten stelle ich dir auf den folgenden Seiten vor. Im anschließenden Workshop geht es vorrangig, um die Verwendung der im Buch enthaltenen Vorlagen.

Los geht's!

DIE 3 MÖGLICHKEITEN MIT DEM SCANNCUT ZU ARBEITEN

1. VORINSTALLIERTE MUSTER NUTZEN

Dein Plotter bringt je nach Modell bis zu 1100 vorinstallierte Muster mit, mit denen du gleich durchstarten kannst – sogar ganz ohne einen Computer.

2. VORLAGEN SCANNEN

Mit dem integrierten Scanner kannst du Motive einscannen und anschließend z. B. ganz einfach ausschneiden.

3. MIT DEM PROGRAMM PLOTTEN

Mit der Onlinesoftware ScanNCut Canvas kannst du z. B. die Muster aus diesem Buch öffnen oder eigene Muster erstellen und an deinen Plotter senden.

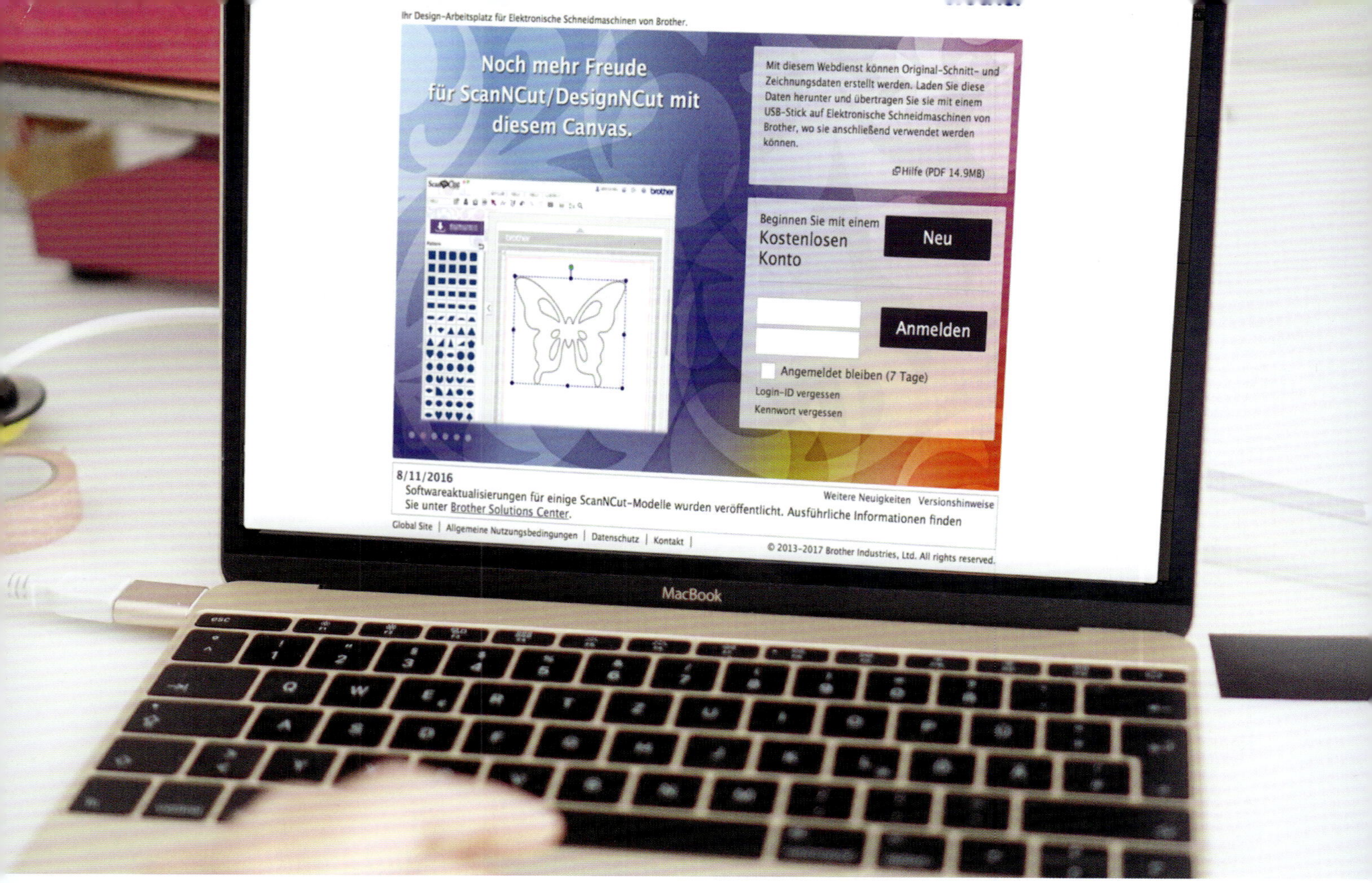

Die Bedienung

DIE PROGRAMME KENNENLERNEN UND RICHTIG BEDIENEN

Der ScanNCut bietet bereits direkt am Gerät viele Möglichkeiten, um ohne Computer mit ihm zu arbeiten. Zusätzlich kannst du mit dem Browserprogramm ScanNCut Canvas eigene Vorlagen erstellen und bearbeiten, um sie anschließend per USB oder WLAN an deinen Plotter zu übertragen.

Ich zeige dir auf den folgenden Seiten anhand von kleinen Projekten die wichtigsten Funktionen. Mach einfach mit – so wirst du im Handumdrehen ein echter Profi.

Alle weiteren Kniffe lernst du im Workshop.

ScanNCut Canvas

ANMELDEN UND STARTEN

ScanNCut Canvas ist ein Browserprogramm, mit dem du deine Vorlagen bearbeiten und an deinen Plotter senden kannst.

Gerade wenn dir das Arbeiten am Bildschirm deines Plotters zu kleinteilig ist und du mit komplexeren Formen arbeitest, ist es angenehmer alles in Canvas vorzubereiten und dann an deinen Plotter zu senden.

Das funktioniert entweder per USB, z. B. mit einem Stick, oder ganz bequem über das WLAN.

Das Programm ist kostenlos und benötigt nur eine kurze Registrierung und eine Internetverbindung.

ANMELDEN

Gehe in deinem Internetbrowser auf die Seite

scanncutcanvas.brother.com

und lege ein neues Konto an, indem du auf „Neu" klickst.

Solltest du bereits ein Konto haben, kannst du dich wie gewohnt anmelden.

Wenn du dein Konto erfolgreich angelegt hast und dich anmelden kannst, gelangst du als erstes auf den Startbildschirm.

Hier siehst du Projekte die Brother anbietet und kannst mit Klick auf die erste Kachel direkt ein neues Projekt starten.

Unter dem Reiter „Meine Projekte" findest du deine abgespeicherten Projekte und kannst sie entweder gleich an deinen Plotter übertragen oder abspeichern und zum Bearbeiten öffnen.

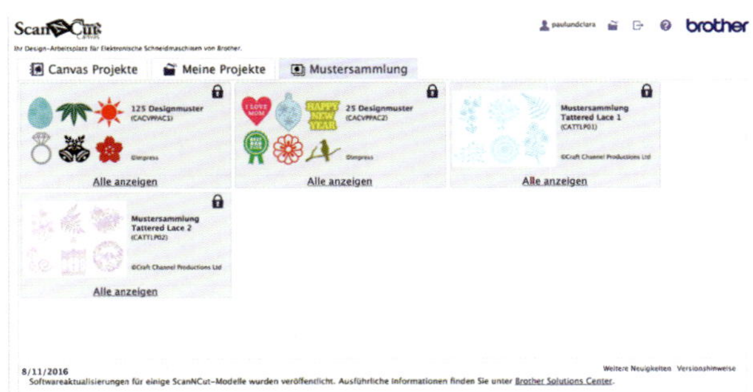

In der „Mustersammlung" werden Designs von Brother angezeigt. Du kannst die Muster mit einem gekauften Aktivierungscode freischalten.

1 WERKZEUGLEISTE

Aufrufen der wichtigsten Bearbeitungsfunktionen mit einem Mausklick. Je nachdem, ob du am Computer oder mit deinem Tablet arbeitest, kann diese Ansicht variieren.

2 MENÜ

Alle weiteren Bearbeitungsfunktionen, die nicht in der Werkzeugleiste angezeigt werden, findest du unter diesen Menüpunkten.

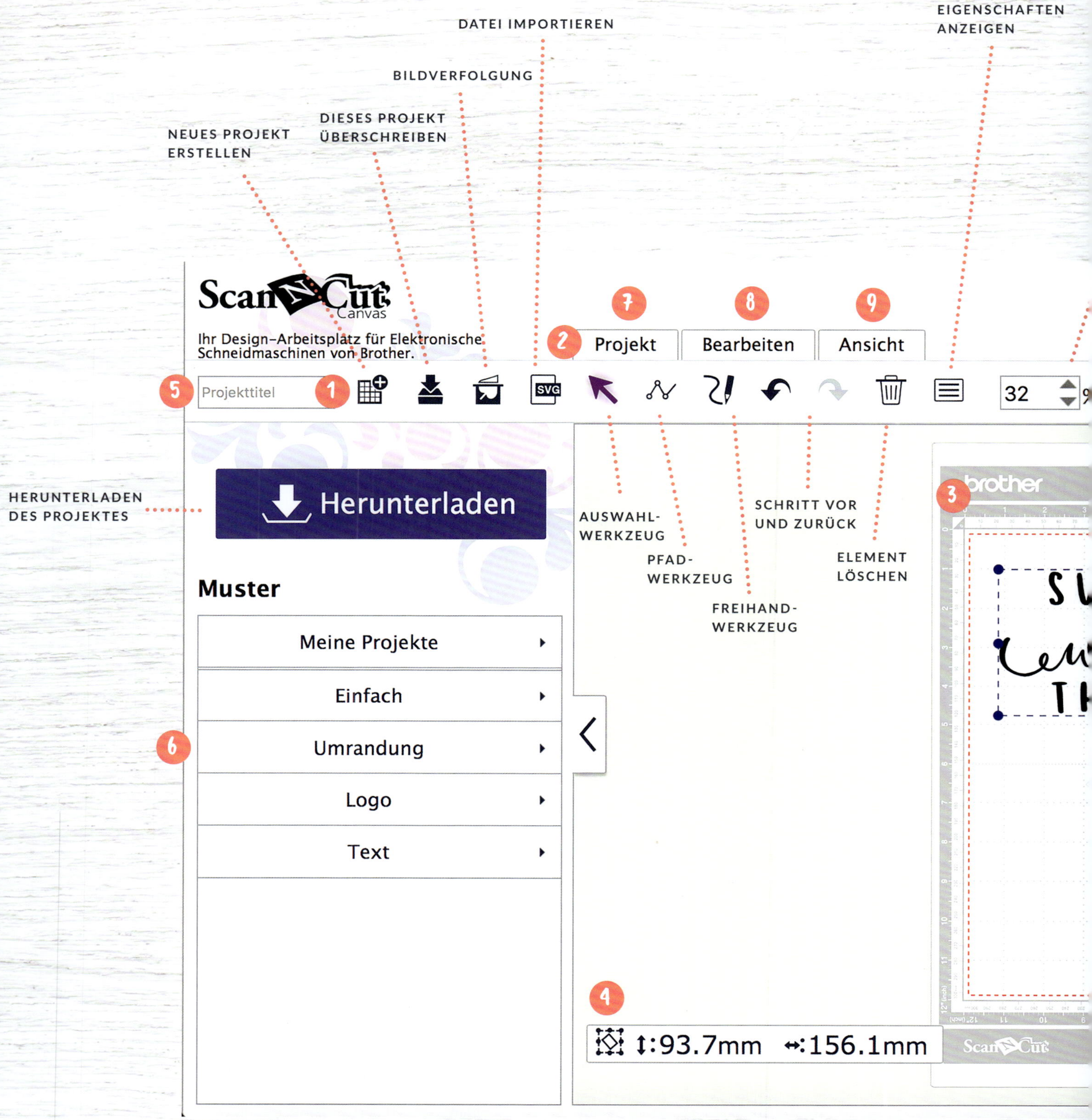

5 PROJEKTNAME

Anzeige des Projektnamens. Der hier eingegebene Name erscheint im Bildschirm [Meine Projekte] und als Name der heruntergeladenen Datei.

6 MUSTER

Ein vorhandenes Muster auswählen und auf die Matte importieren. Klicke auf einen Kategorienamen, um die jeweiligen Muster anzusehen. Auf der Grundlage dieser Designs kannst du auch ein eigenes Design entwerfen.

3 ARBEITSFLÄCHE

Abbildung deiner Schneidematte. Hier platzierst und bearbeitest du deine Dateien.

4 MASSE

Anzeige der Größe deines aktuell ausgewählten Musters.

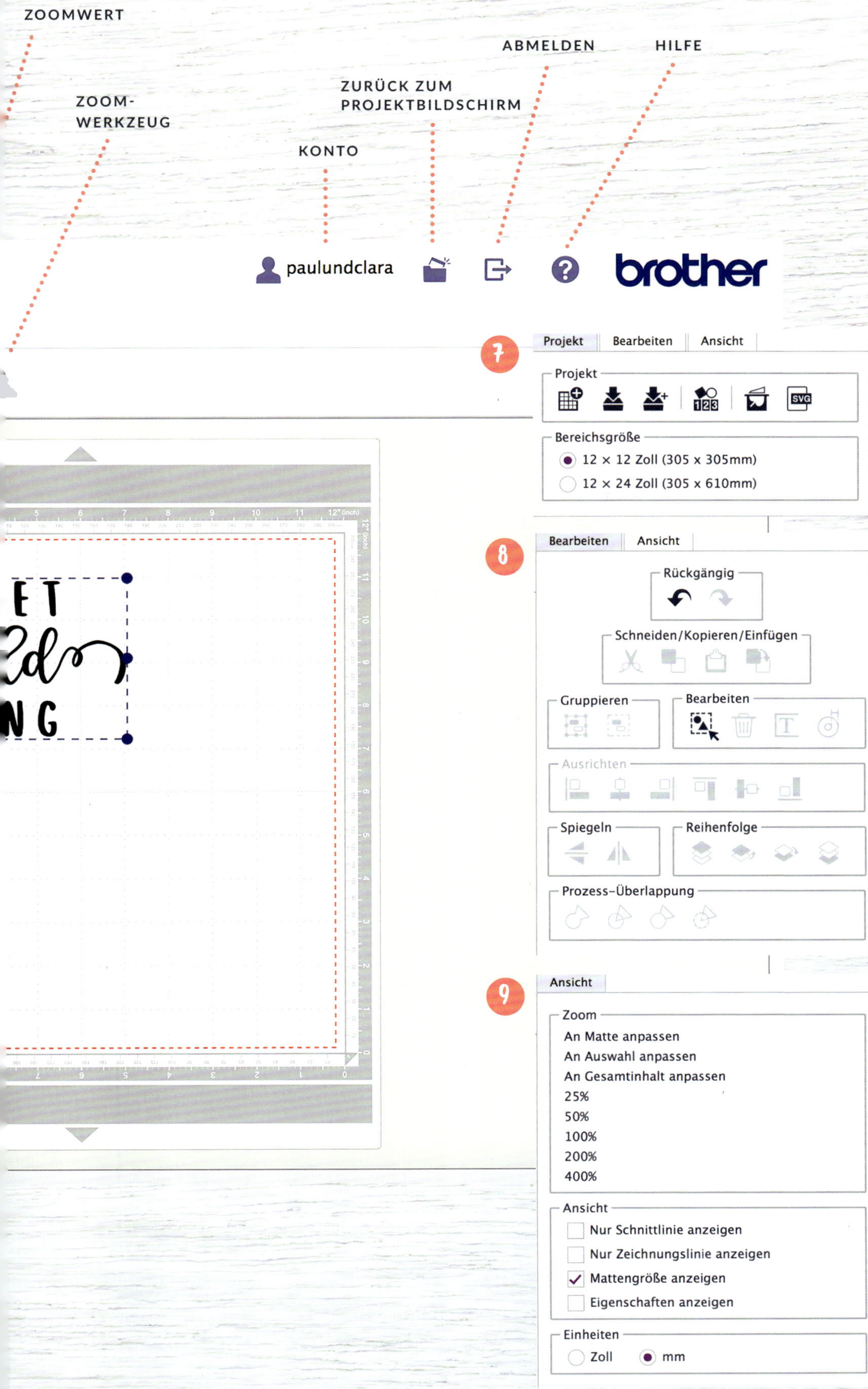

PROJEKT-FENSTER

Steuerelemente zu deinem Projekt und Einstellung der Größe deiner Schneidematte.

BEARBEITEN-FENSTER

Steuerelemente zur Bearbeitung deiner Grafik. Wähle hierfür die Grafik aus, die du bearbeiten möchtest und wähle anschließend deinen gewünschten Arbeitsschritt.

Gerade das Spiegeln ist unerlässlich, wenn du mit Thermotransferfolie arbeitest. Hierfür muss vor dem Schnitt immer horizontal gespiegelt werden.

Prozessüberlappung ist ein tolles Tool, um Grafiken zu verschmelzen und neu aufzuteilen. Hiermit kannst du praktisch jede Form erstellen und kreativ werden.

Probiere einfach jede Funktion einmal aus, so bekommst du schnell ein Gefühl für sie.

ANSICHT-FENSTER

Wähle eine Ansichtseinstellung für deine Schneidematte und Grafiken.

Durch die Ansicht „Nur Schnittlinien anzeigen“, kannst du zum Beispiel sehr genau sehen, wie und wo dein Plotter später schneiden wird. So sind Fehler schneller zu sehen.

ZEICHNEN IN CANVAS

GRUNDLAGEN

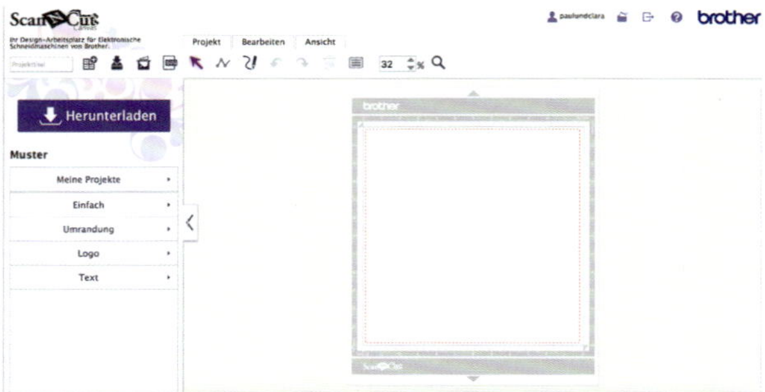

Öffne ScanNCut Canvas in deinem Browser und starte ein neues Projekt.

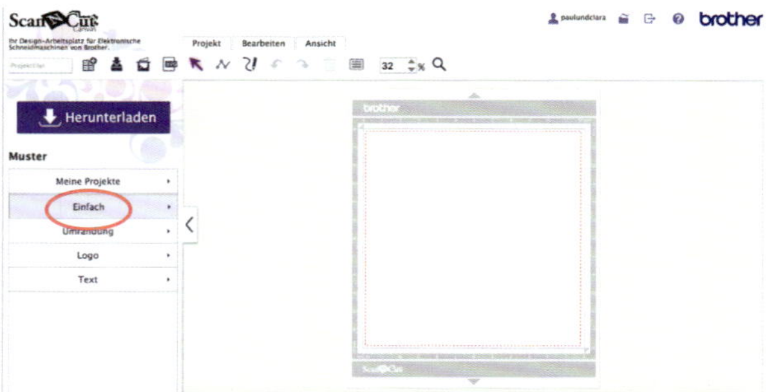

Wähle unter „Muster" den Ordner „Einfach" aus ...

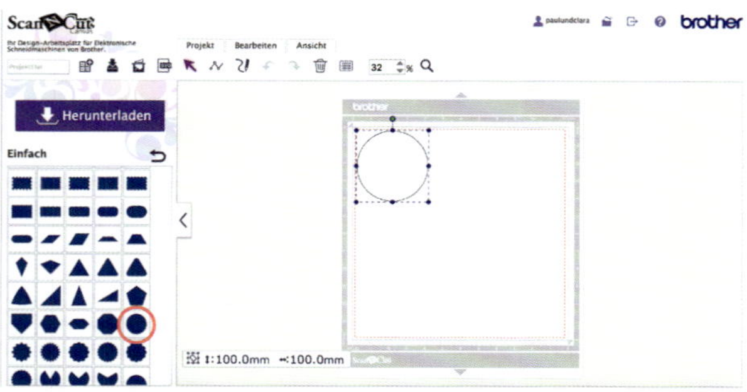

... und platziere einen Kreis auf deiner Schneidematte, indem du ihn anklickst.

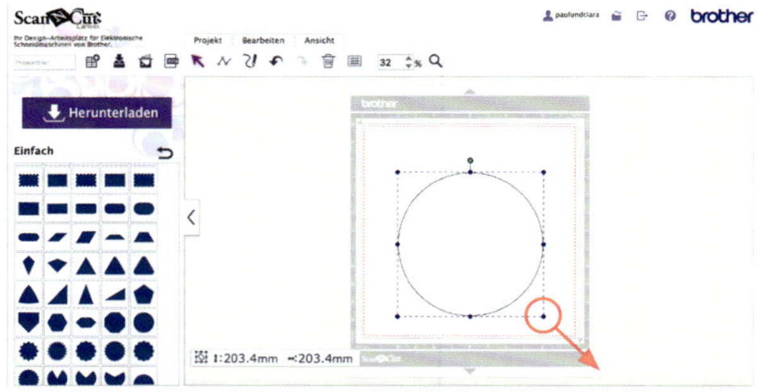

Skaliere ihn auf deine gewünschte Größe. Halte dazu einfach eine Ecke der Auswahl mit gedrückter linker Maustaste fest und ziehe in die entsprechende Richtung. Unten links siehst du immer die aktuelle Größe deines ausgewählten Objektes.

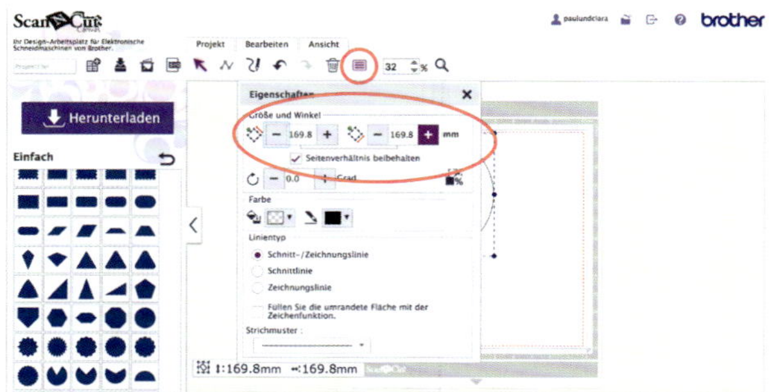

Wenn du genaue Maße eingeben möchtest, kannst du das ganz einfach im Eigenschaften-Fenster machen. Hier kannst du auch einstellen, ob die Seitenverhältnisse beim Skalieren gleich bleiben sollen.

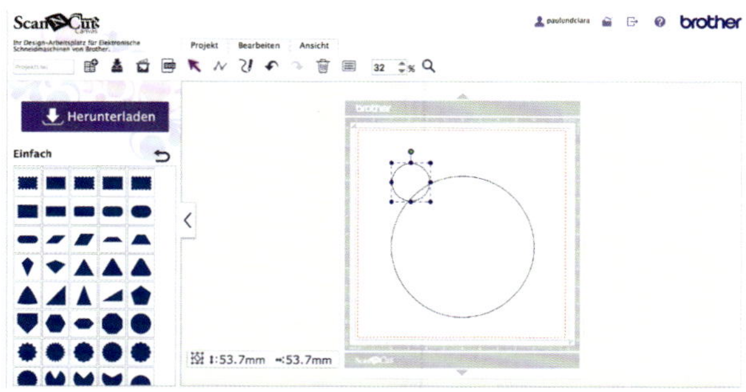

Platziere nun noch mal links oben einen Kreis, so dass er den größeren Kreis etwas überschneidet. Dupliziere den Kreis mit STRG + C und STRG + V und platziere ihn anschließend oben rechts. Alternativ kannst du auch die rechte Maustaste und „Duplizieren" klicken. Kopiere dann noch kurz den großen Kreis mit STRG + C und behalte ihn so in deiner Zwischenablage.

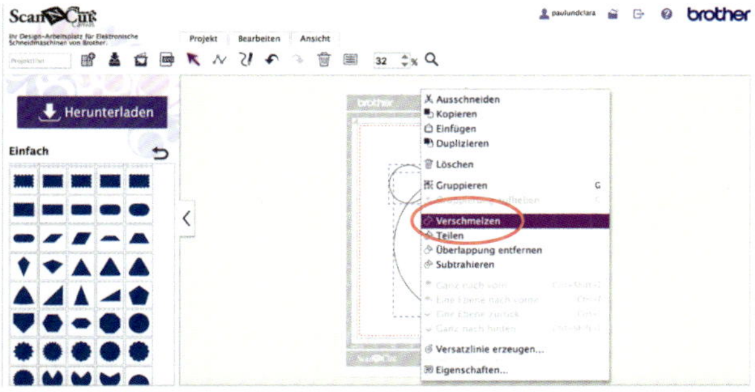

Wähle jetzt alle Elemente aus, indem du mit der Maus einen Rahmen über alles ziehst oder „A" klickst. Klicke dann die rechte Maustaste und wähle „Verschmelzen".

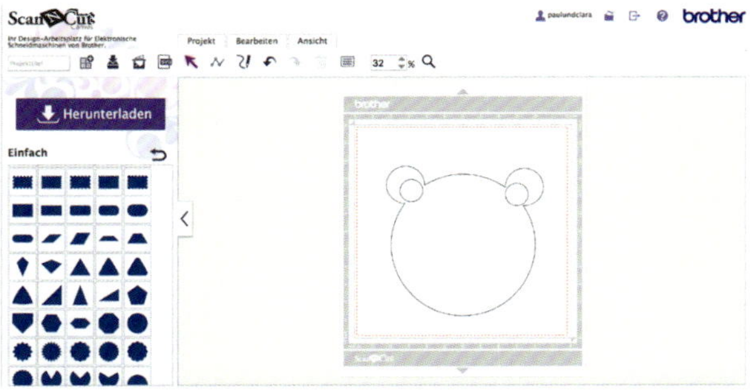

Erstelle nun noch jeweils einen kleinen Kreis ...

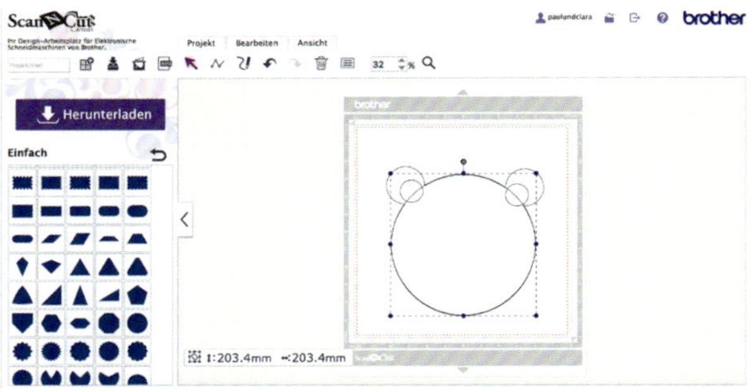

... und füge dann den großen Kreis mit STRG + V wieder ein. Diesen platzierst du exakt auf den ersten großen Kreis. Kopiere den großen Kreis mit STRG + C und sichere ihn so wieder in der Zwischenablage. Denn wir brauchen ihn gleich ein zweites Mal.

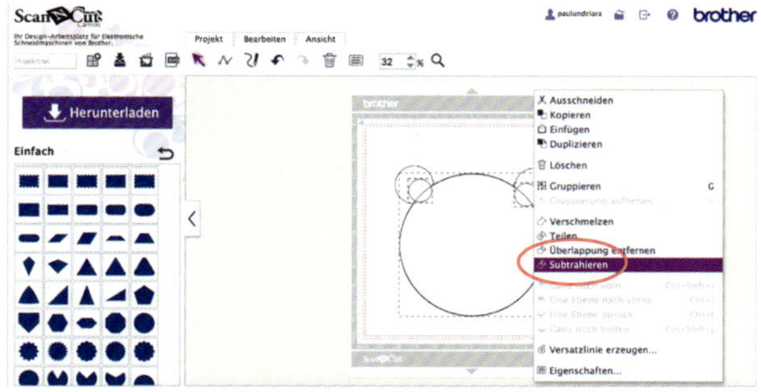

Wähle nun ein Innenohr und wähle zusätzlich, mit gedrückter SHIFT-Taste, noch den neuen großen Kreis aus. So das beide Elemente markiert sind. Klicke anschließen die rechte Maustaste – „Subtrahieren".

Füge jetzt mit STRG + V erneut den großen Kreis ein, positioniere ihn falls nötig wieder korrekt und wiederhole den letzten Schritt mit dem zweiten Innenohr.

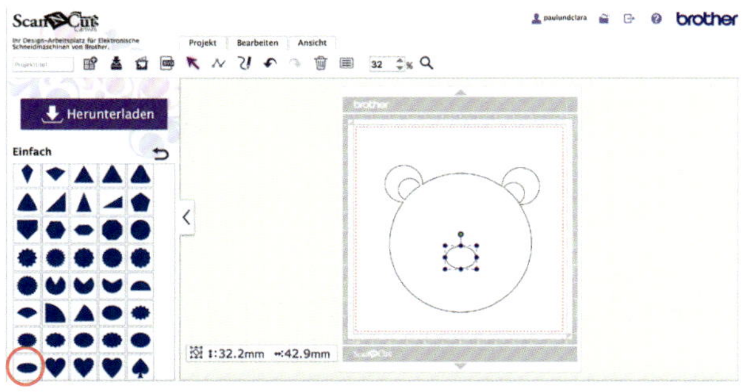

Jetzt fügen wir ein Oval ein und platzieren es, in etwa mittig, im großen Kreis.

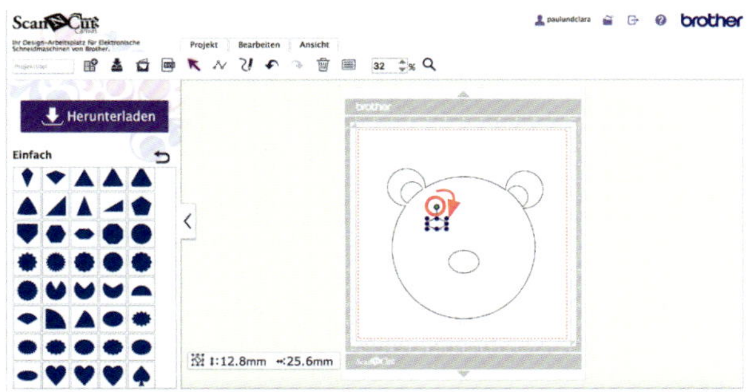

Füge ein zweites Oval ein und kippe es um 90° indem du den grünen Punkt festhältst und das Objekt drehst. Platziere das Oval nun links über dem großen Oval und dupliziere es anschließend. Platziere das 2. Oval rechts über dem großen Oval.

Erkennst du schon was wir zeichnen? Richtig: einen Bären!

Wähle als Nächstes das Pfadwerkzeug und klicke links unter der Nase, mit der linken Maustaste, um den ersten Pfadpunkt zu erzeugen. Klicke erneut rechts unter der Nase und halte diesmal aber die linke Maustaste gedrückt. Durch verschieben der Maus, kannst du nun eine Kurve erzeugen.

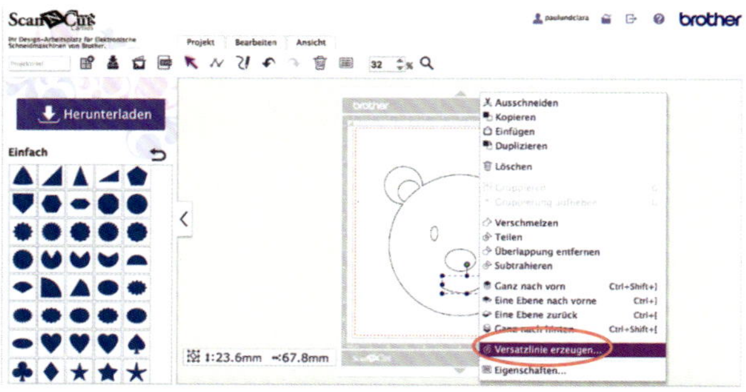

Erstelle mit rechter Maustaste + „Versatzlinie erzeugen…" ein Offset vom Bogen.

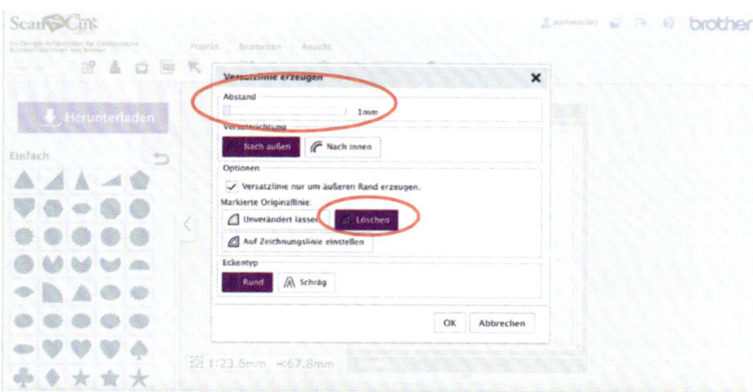

Wähle einen Abstand und klicke an, dass die Originallinie gelöscht werden soll. Bestätige anschließend mit „OK".

Fertig ist dein süßer Bärenkopf.

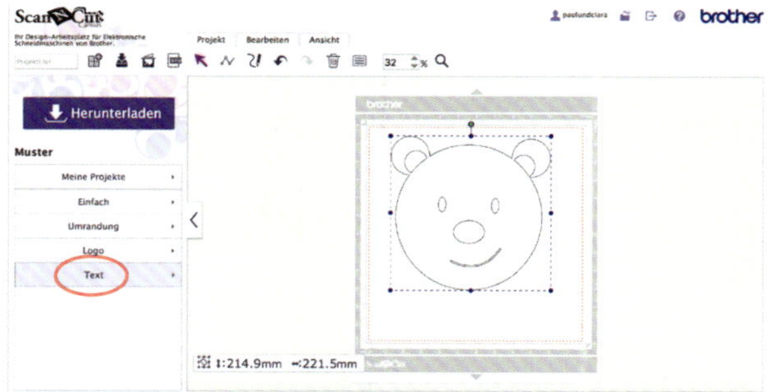

Wähle jetzt den Schriftordner und füge die Schriftart deiner Wahl ein.

Klicke mit Doppelklick auf den Text und tippe z. B. „Teddybär" ein. Anschließend kannst du den Text skalieren und platzieren.

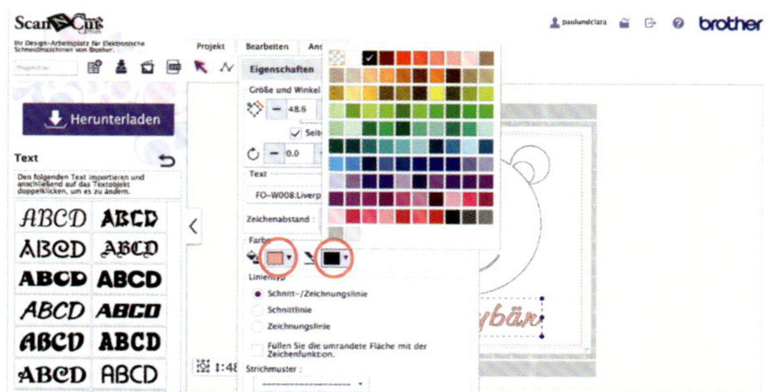

Anschließend kannst du deine Elemente im Eigenschaftenfenster noch einfärben und die schwarze Kontur entfernen.

Das ist beim Plotten mit Folie zwar nicht nötig, aber es hilft bei der Materialauswahl.

Fertig ist dein Teddybär.

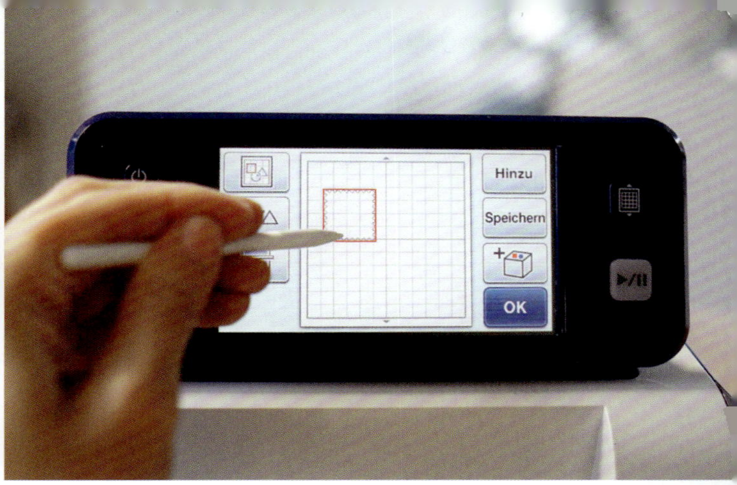

Direkt am Plotter arbeiten

FUNKTIONEN DEINES PLOTTERS

Besonders beliebt ist der ScanNCut, da man quasi ohne Computer mit ihm arbeiten kann. Über den Bildschirm der CM-Modelle kann man direkt am Plotter Vorlagen öffnen, bearbeiten und an den Plotter senden. Zusätzlich bietet der integrierte Scanner viele Möglichkeiten eigene Designs in Schnittdateien umzuwandeln oder Vorlagen direkt auszuschneiden.

Man kann praktisch alles einscannen – Zeichnungen, eigene Handskizzen, Bilder aus Zeitschriften oder Fotos. Die Maschine wandelt alles ganz automatisch in Schnittlinien um.

Der neue DesignNCut besitzt im Gegensatz zum ScanNCut keinen Scanner und keinen Bildschirm. Er muss also immer mit einem PC bedient werden.

Auf den folgenden Seiten zeige ich dir alle Bildschirmfunktionen deines Plotters. Mach einfach wieder mit und du beherrschst im Handumdrehen alle Kniffe.

Der Bildschirm deines Plotters

PLOTTER STARTEN

Drücke den Startbutton ...

... und warte bis dein Plotter hochgefahren ist.

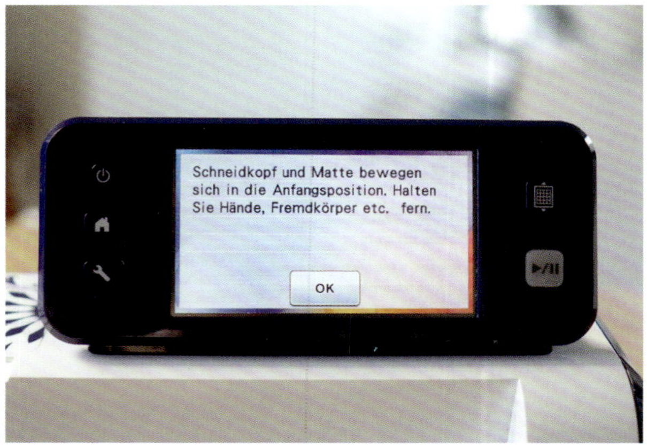

Es erscheint ein Warnhinweis. Achte darauf, dass dein Plotter vor und hinter sich genügend Platz hat, um die Schneidematte bewegen zu können und dein Messer nicht blockiert wird. Drücke anschließend OK.

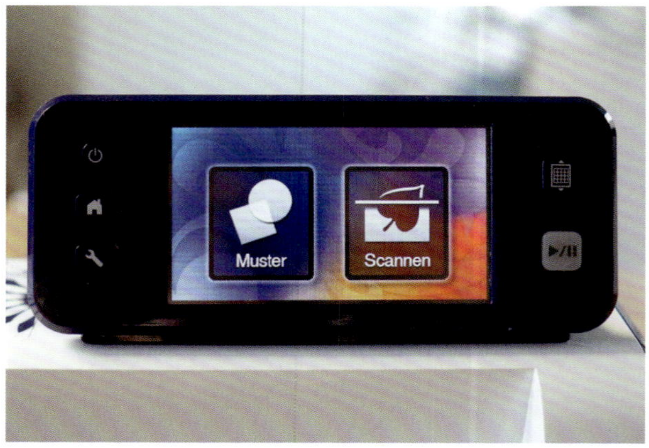

Wähle deinen Arbeitsbereich – Muster oder Scannen, je nachdem mit welchen Funktionen du arbeiten möchtest.

Arbeitsbereich Muster

WÄHLE „MUSTER“ AUF DEM START-BILDSCHIRM

MUSTER-MENÜ

1. Vorlage über WLAN laden
2. Testschnitt
3. Gespeicherte Daten laden
4. Zurück zum Startbildschirm
5. Kategorien der vorinstallierten Vorlagen
6. Blättern

ENTSCHEIDE DICH FÜR EINE VORLAGE UND KLICKE SIE AN

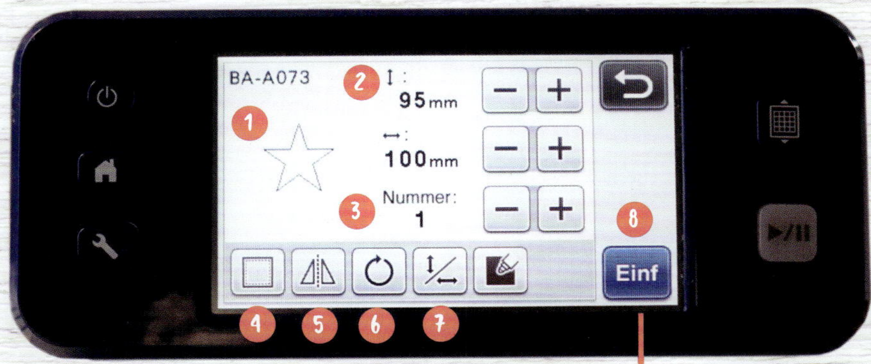

VORLAGE PLATZIEREN

1. Vorschau der Vorlage
2. Vorlage skalieren
3. Anzahl der Motive, die du platzieren willst
4. Rahmen um das Motiv hinzufügen
5. Motiv spiegeln
6. Motiv drehen
7. Verzerren erlauben
8. Fertiges Motiv einfügen

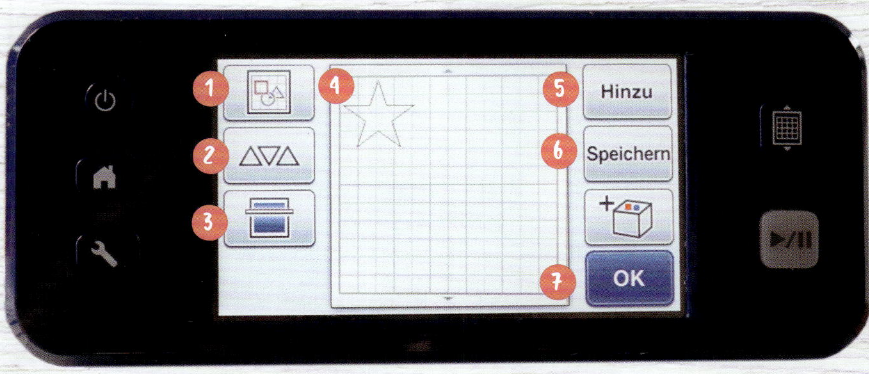

VORLAGE PLATZIEREN

1. Element bearbeiten
2. Elemente anordnen
3. Matte einscannen und als Hintergrund einfügen
4. Schneidematte
5. Weitere Elemente hinzufügen
6. Projekt speichern
7. Projekt an Plotter senden

VORINSTALLIERTE MUSTER NUTZEN

Wähle „Muster“ auf dem Startbildschirm ...

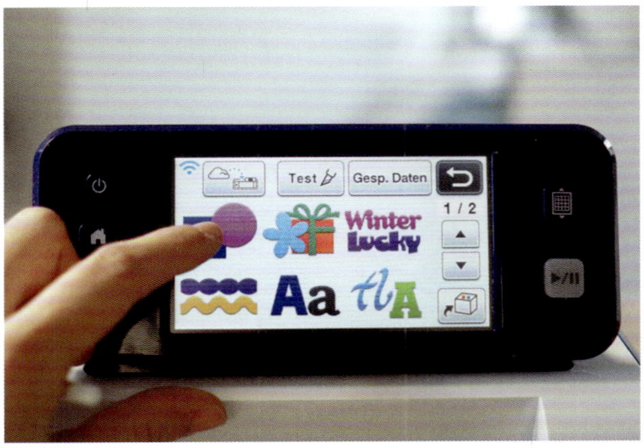

... und suche anschließend einen der Musterordner aus. Ich entscheide mich für die Grundformen.

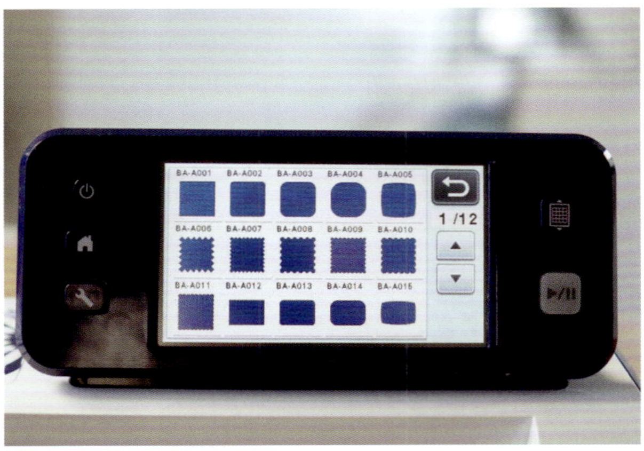

Nun öffnet sich die Übersicht aller installierten Muster aus dieser Kategorie. Du kannst rechts mit den Pfeiltasten blättern und das Muster deiner Wahl dann anklicken.

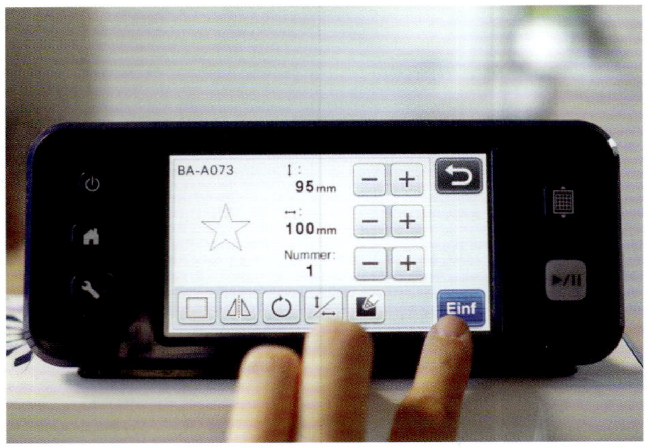

Nach dem Anklicken des Musters kannst du die Größe und die Anzahl der Elemente festlegen, die du gerne auf deiner Schneidematte platzieren möchtest. Außerdem kannst du hier auch direkt mit der Bearbeitung deines Elementes beginnen und es zum Beispiel spiegeln oder das Muster drehen. Zufrieden? Dann klicke auf „Einf“

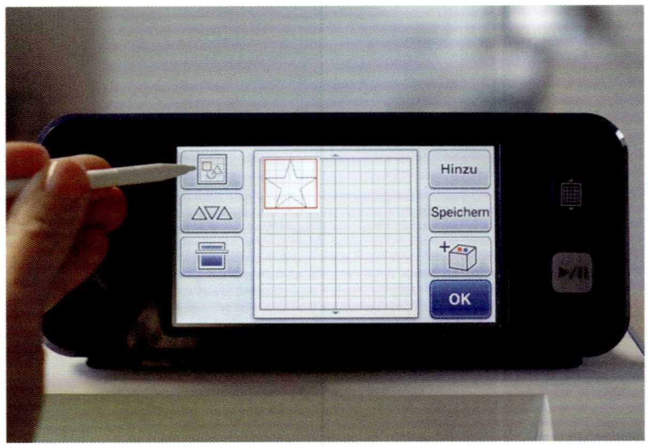

Dein gewünschtes Element erscheint auf der Schneidematte. Wähle nun das Bearbeitungsfenster, ...

... anschließend das Positionierungs-Werkzeug ...

… und positioniere das Element nach deinen Wünschen auf der Schneidematte mithilfe der Pfeiltasten. Zufrieden? Dann klicke „OK".

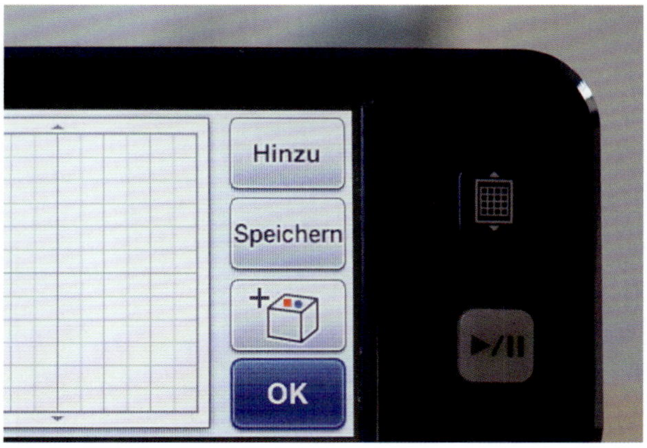

Um ein weiteres Element hinzuzufügen, wähle „Hinzu" auf dem Touchscreen oben rechts.

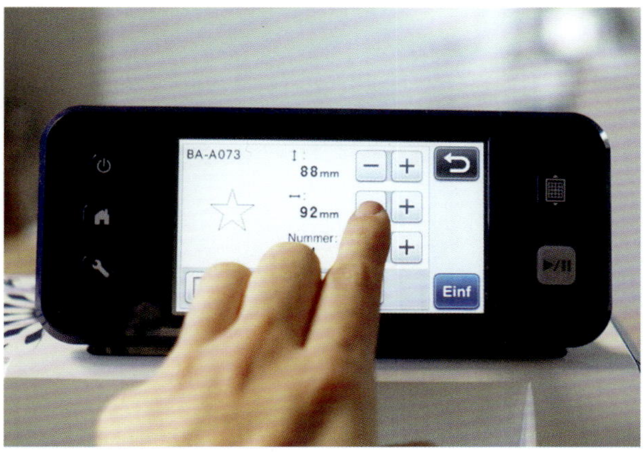

Ich entscheide mich für einen zweiten Stern, den ich dieses mal, mithilfe der Plus- und Minus-Tasten, etwas kleiner skaliere. Drücke anschließend wieder „Einf".

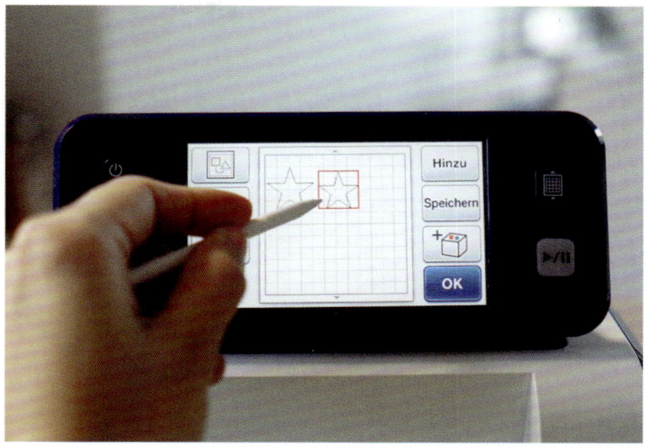

Statt mit dem Bearbeitungsfenster, kannst du deine Elemente auch direkt am Bildschirm bewegen. Hierzu ist der Touch Pen perfekt geeignet, da du mit ihm präziser arbeiten kannst. Es funktioniert aber auch mit den Fingern.

Fertig? Dann klicke auf „OK".

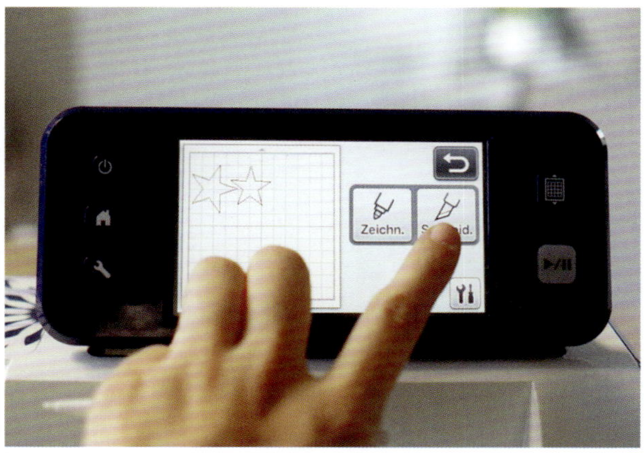

Nun kannst du auswählen, ob du deine Elemente zeichnen oder schneiden möchtest. Ich entscheide mich für „Schneiden".

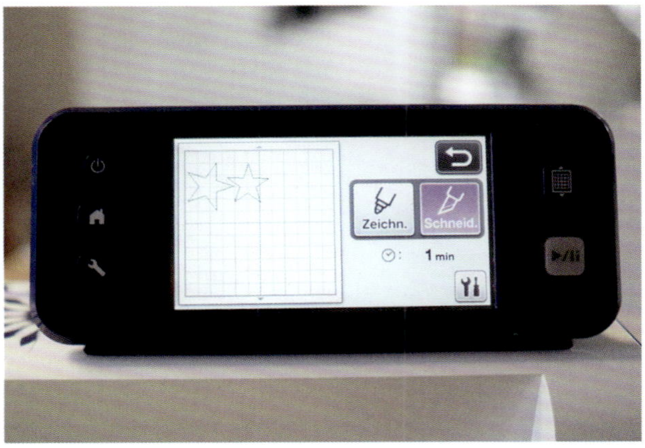

Der Plotter berechnet nun kurz, wie lange der Schneidevorgang voraussichtlich dauern wird.

Anschließend platzierst du dein Material auf der Schneidematte und lädst sie.

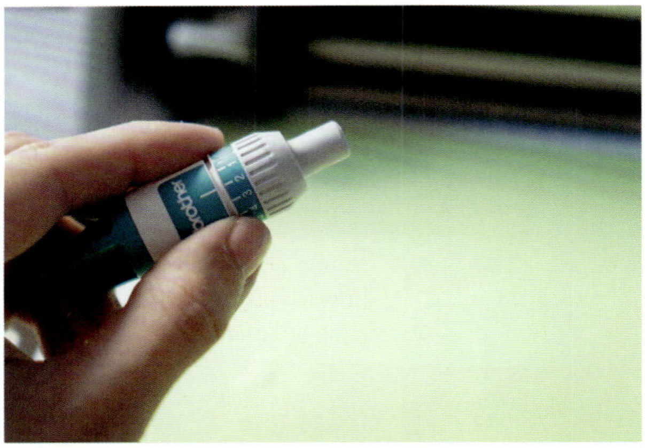

Stelle jetzt dein Messer auf die benötigte Länge für dein Material ein, indem du am oberen Ende drehst, bis der gewünschte Wert bündig mit der Markierung sitzt ...

... und setzte es in den Werkzeughalter deines Plotters ein.

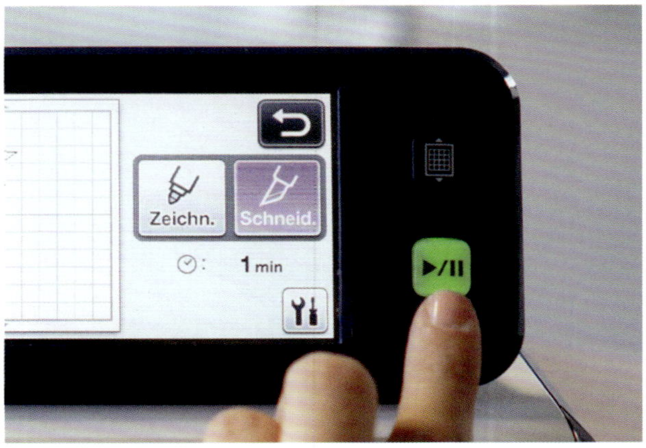

Hast du dein Messer eingesetzt und die Schneidematte geladen, leuchtet der Start-Knopf grün und du kannst den Schneidevorgang beginnen.

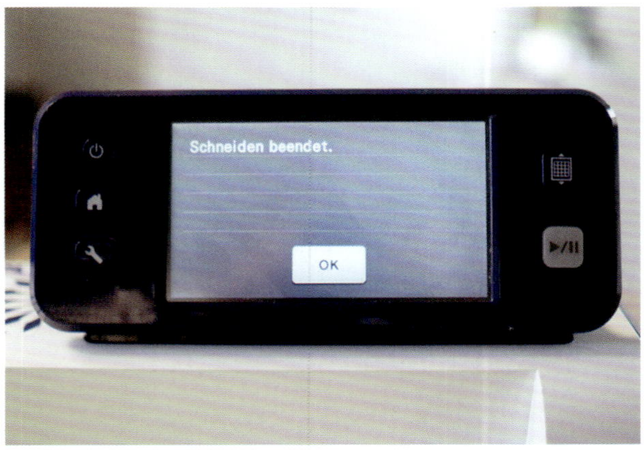

Wenn dein Plotter fertig ist, erscheint ein Hinweis auf dem Bildschirm. Du kannst die Schneidematte nun wieder entladen.

Ich habe mich dafür entschieden, mein Motiv aus Flexfolie zu schneiden. Daher muss sie noch entgittert werden. Löse hierfür die Folie von der Schneidematte und halte diese etwas ins Licht, so erkennst du die Schnittlinien besser.

Entgittere nun dein Motiv vorsichtig und langsam mit dem Werkzeug deiner Wahl. Das heißt, du ziehst die überflüssige Folie rund um dein Motiv von der Trägerfolie ab.

Fertig ist dein Plott!

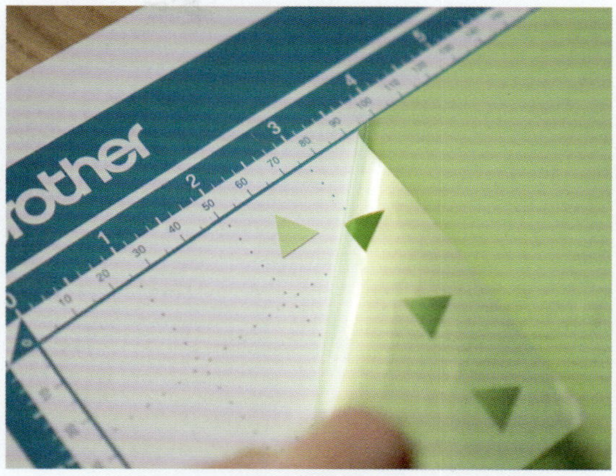

Wichtig!

Mache immer einen Testschnitt bevor du dein Motiv plottest!

Jedes Messer und jedes Material verhält sich anders und muss vorher getestet werden. Hast du einmal die perfekte Einstellung für diese Kombination gefunden, notiere sie dir. Sollte sich nichts gravierendes ändern, wie ein Messertausch, kannst du diese Einstellungen immer wieder verwenden.

Das spart Zeit, Nerven und Folie.

Ich zeige dir auf Seite 32 wie ein Testschnitt funktioniert.

Arbeitsbereiche Scannen

WÄHLE „SCANNEN“ AUF DEM STARTBILDSCHIRM

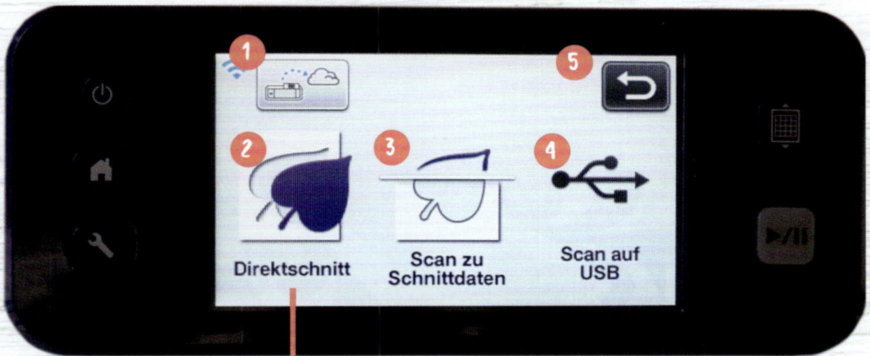

MUSTER-MENÜ

1 Vorlage aus per WLAN laden
2 Direktschnitt (Seite 24)
3 Scan zur Schnittdatei (Seite 30)
4 Scan auf USB (Seite 31)
5 Zurück zum Startbildschirm

WÄHLE Z.B DIREKTSCHNITT

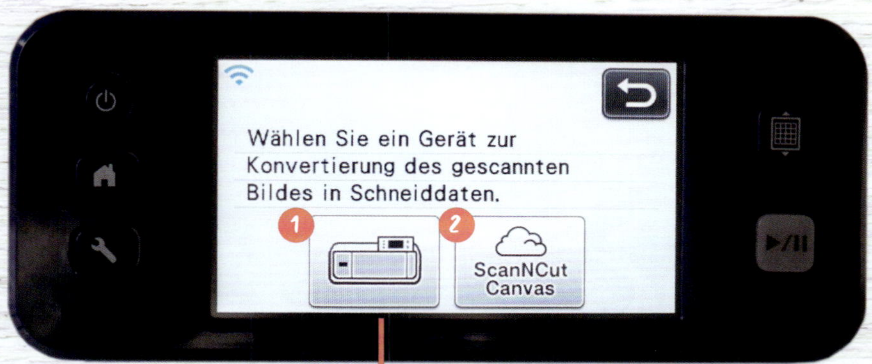

AUSWAHL DER KONVERTIERUNG

1 Scan am Plotter konvertieren (Seite 24)
2 Scan im Canvas Programm konvertieren (Seite 27)

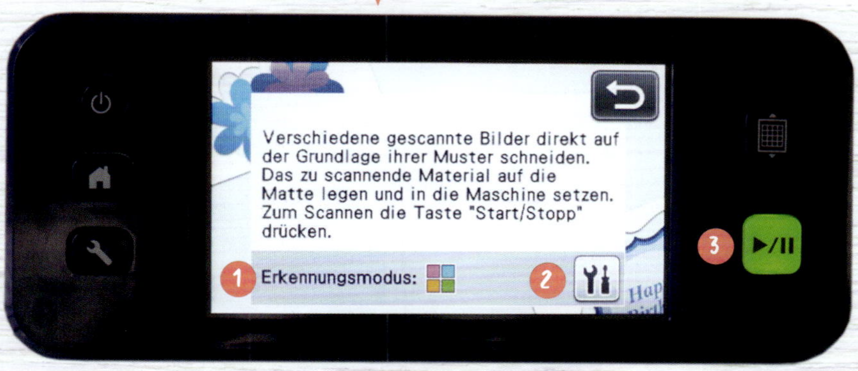

SCANNEN

1 Gewählter Erkennungsmodus
2 Erkennungsmodus ändern
3 Scan starten

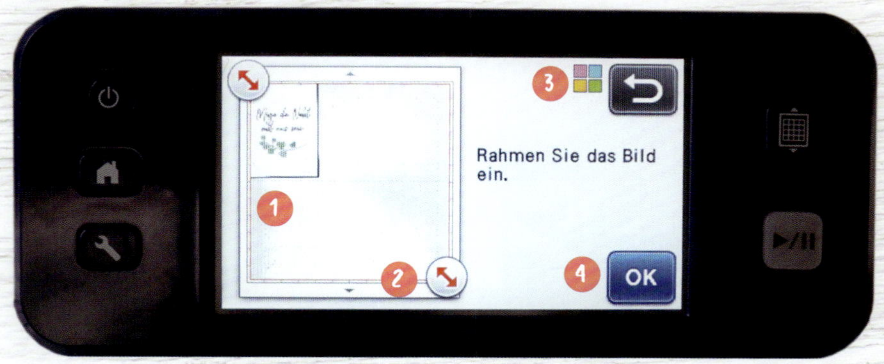

GEWÜNSCHTES ELEMENT MARKIEREN

1. Gescannte Schneidematte
2. Griffpunkte zum ziehen des Rahmens
3. Einstellung der Linien-Erkennung Schwarz/Weiß oder Farbig
4. Bestätigung der Auswahl

ERKANNTES OBJEKT BEARBEITEN

1. Vorschau des erkannten Objekts
2. Zoom
3. Versatz erzeugen
4. Rahmen um das Objekt einfügen
5. Bestätigung

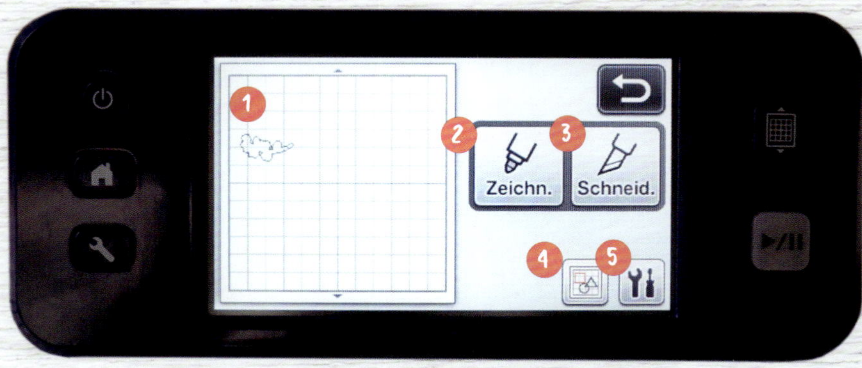

ERKANNTES OBJEKT VERARBEITEN

1. Ansicht des erstellten Objekts
2. Objekt zeichnen
3. Objekt schneiden
4. Objektbearbeitung
5. Einstellungen

ERKANNTES OBJEKT VERARBEITEN

1. Starten

VORLAGEN SCANNEN

Wähle „Scannen“ auf dem Startbildschirm.

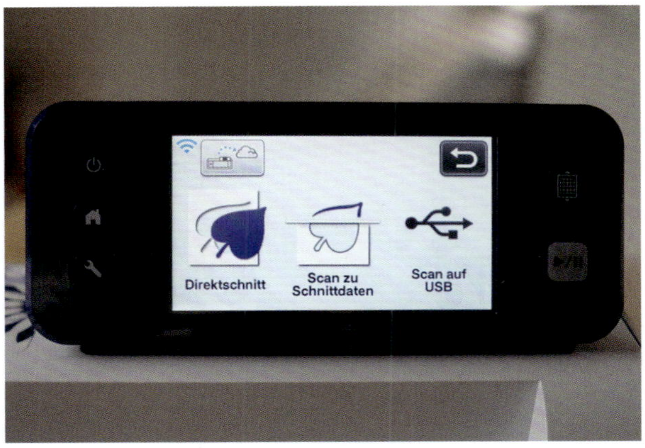

Du kannst aus 3 Möglichkeiten wählen:

DIREKTSCHNITT

Scannen und direkt im Anschluss schneiden. Hierbei wird keine Schnittdatei erstellt. Kann genutzt werden, um ein einzelnes Motiv auszuschneiden. Zum Beispiel eine Zeichnung.

SCAN ZU SCHNITTDATEI

Scanne eine Vorlage und speichere sie als Vorlage, um sie immer wieder zu verwenden.

SCAN AUF USB

Nutze deinen Plotter als klassischen Scanner, zum Beispiel für Fotos oder Dokumente, und speichere die Dateien auf einem USB-Stick.

DIREKTSCHNITT

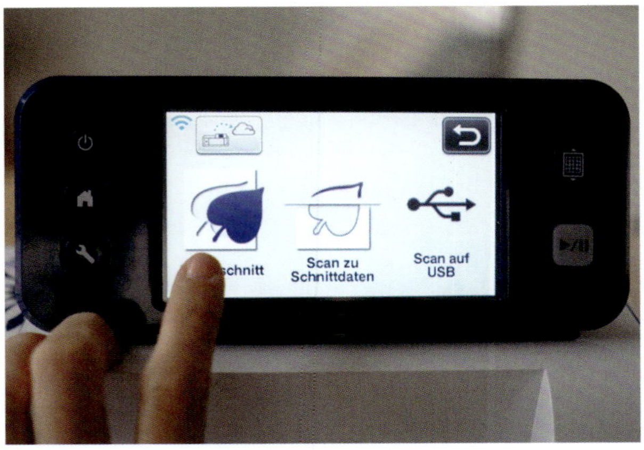

Wähle Direktschnitt ...

... und wähle als erste Variante deinen Plotter als Gerät zur Konvertierung des gescannten Bildes.

Befestige deine gewünschte Vorlage auf der Schneidematte und lade sie.

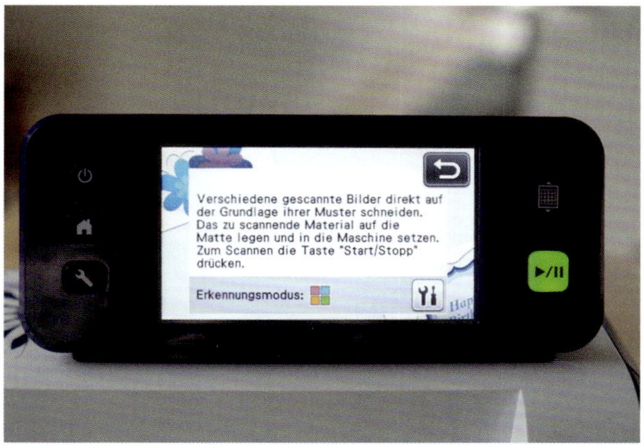

Nun erscheint ein Infobildschirm und du kannst unten rechts den Erkennungsmodus einstellen.

Deine Matte wird nun eingezogen und das Motiv eingescannt.

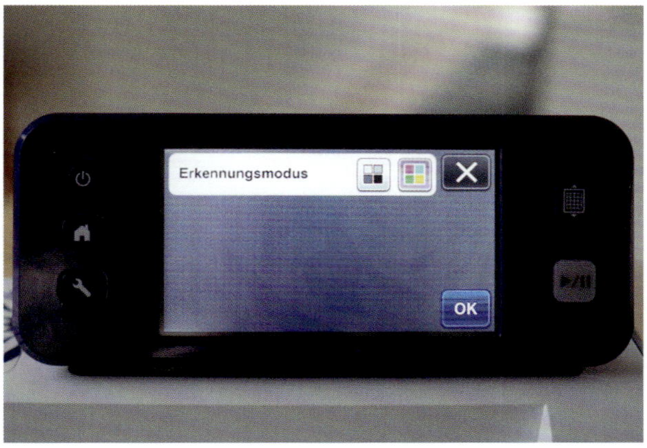

Wähle hier „Schwarz-Weiß" oder „Farbig". Welcher Modus besser geeignet ist, hängt von deinem Motiv ab und muss einfach ausprobiert werden.

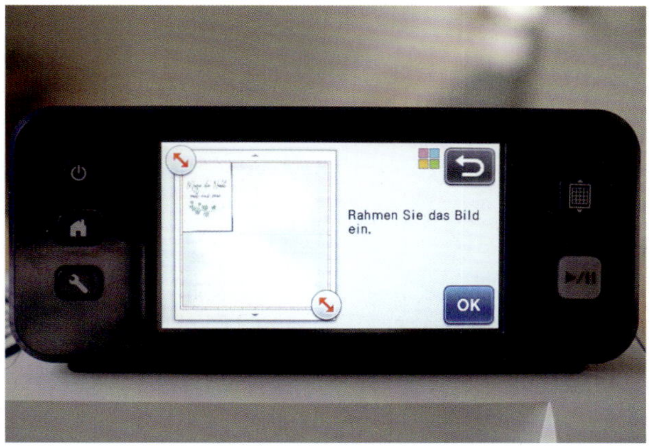

Deine Schneidematte erscheint und du kannst den Bereich, den du gerne schneiden möchtest, mit den Eckpunkten einschränken. Klicke dann auf „OK".

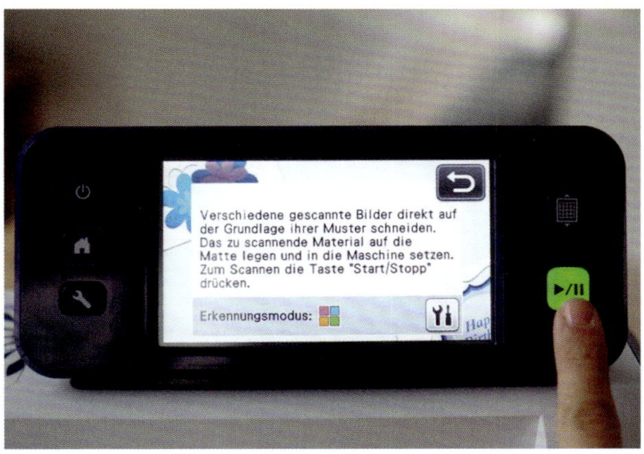

Klicke anschließend auf „Start".

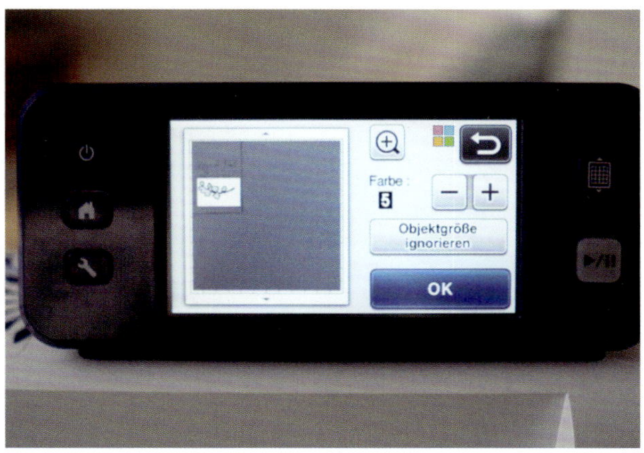

Dein Plotter rechnet jetzt kurz und zeigt dann mit einer schwarzen Umrandung das Motiv, das er erkennen konnte. Nun kannst du noch versuchen, das Ergebnis anhand der möglichen Einstellungen zu verfeinern. Klicke anschließend wieder auf „OK".

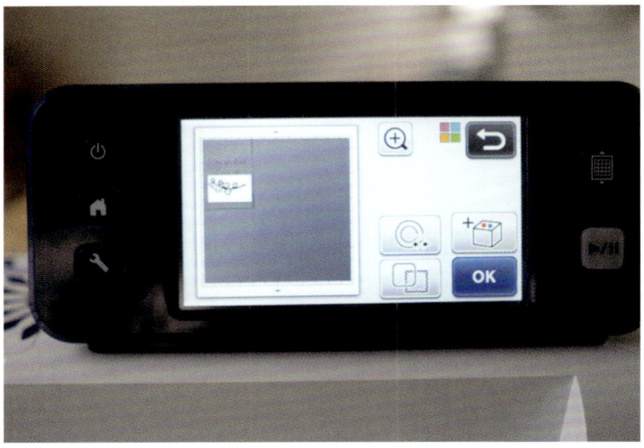

Jetzt kannst du noch weitere Einstellungen treffen. Ich entscheide mich für eine Umrandung meines Motivs. Klicke hierfür auf den Button in der 1. Reihe unten links …

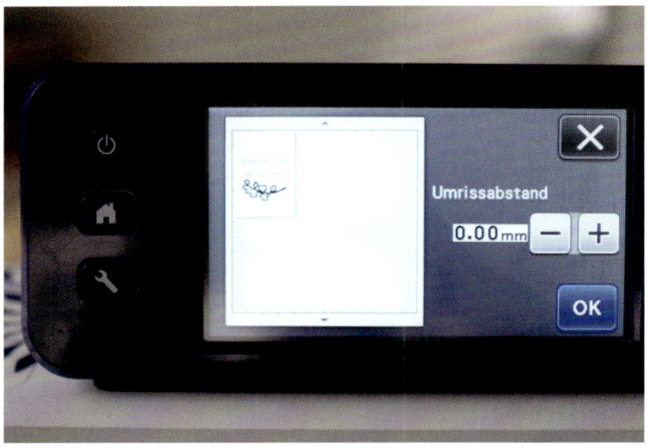

und stelle deinen gewünschten Umrissabstand ein.

Das ist besonders bei sehr filigranen Elementen hilftreich und sieht dazu auch noch gut aus.

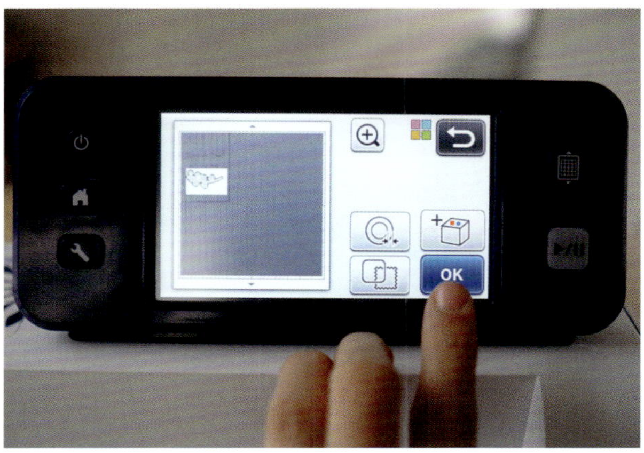

Klicke auf „OK“ …

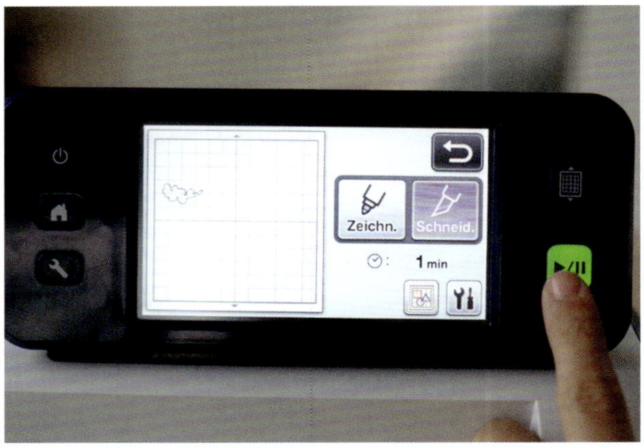

… und starte den Schneideauftrag.

Löse vorsichtig das überschüssige Papier von der Matte und nutze dann den Spatel um dein ausgeschnittenes Element anzuheben.

Fertig ist dein Direktschnitt mit Konvertierung direkt am Plotter.

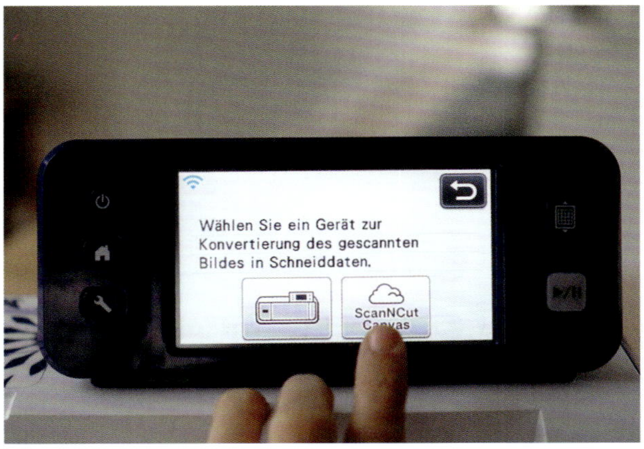

Wähle für die zweite Variante die Konvertierung im Canvas Programm.

Befestige deine Vorlage auf der Matte und lade sie.

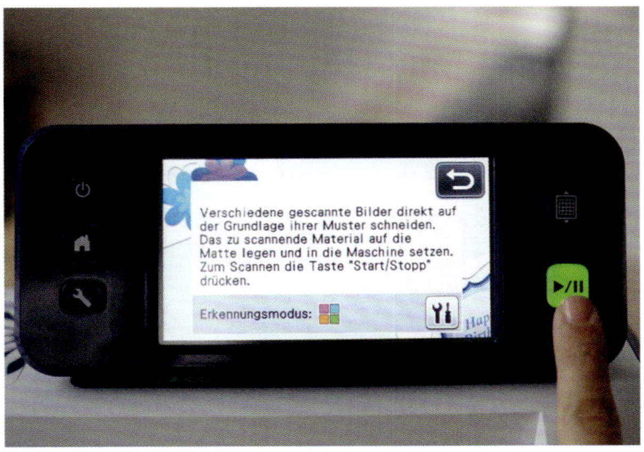

Klicke anschließend auf „Start". Deine Matte wird nun eingezogen und das Motiv eingescannt.

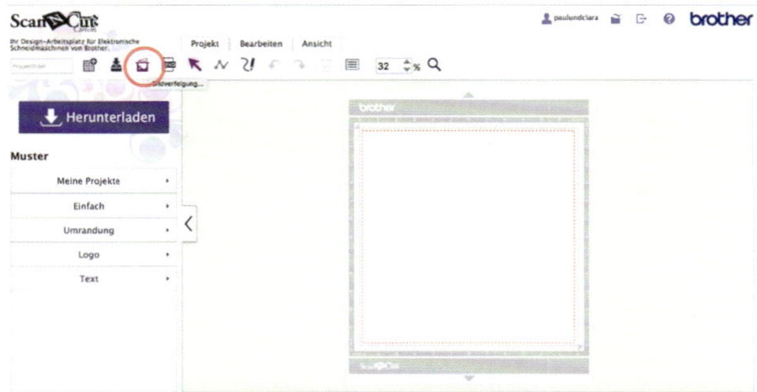

Öffne ein neues Projekt in deinem Canvas Programm und klicke auf „Bildverfolgung".

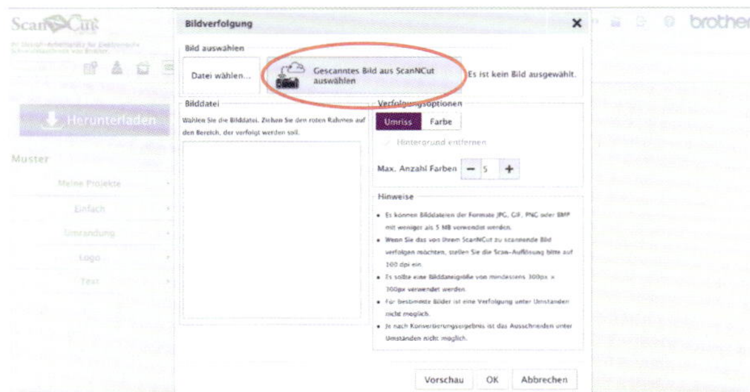

Wähle „Gescanntes Bild aus ScanNCut" aus.

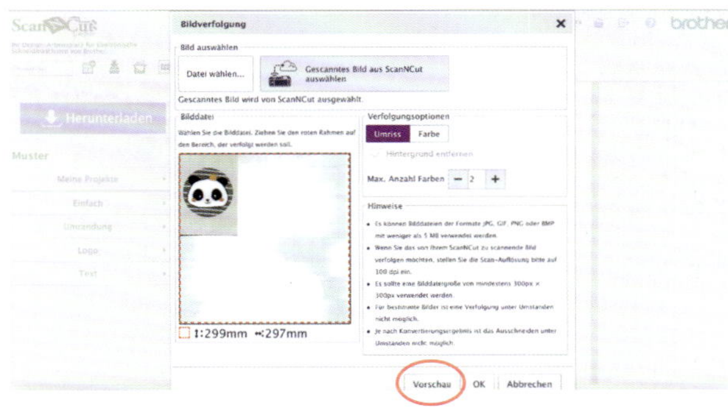

Dein Plott wird nun geladen und angezeigt. Jetzt kannst du wieder eine Auswahl um dein gewünschtes Objekt ziehen und z. B. die Anzahl der Farben festlegen. Klicke anschließend auf „Vorschau".

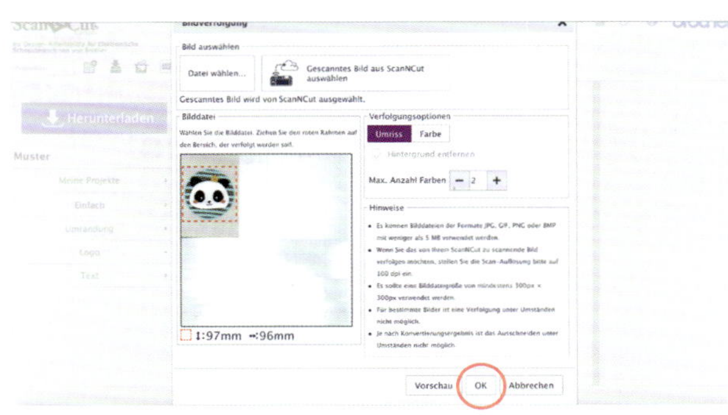

Zufrieden? Dann klicke auf „OK".

Bestätige den Hinweis der erscheint, um ...

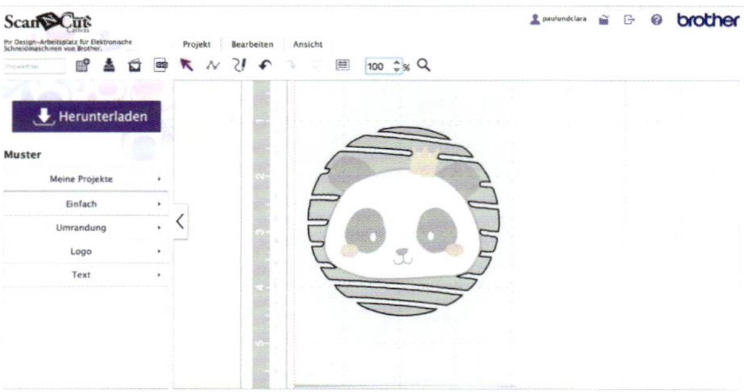

... das Bild in Canvas zu importieren.

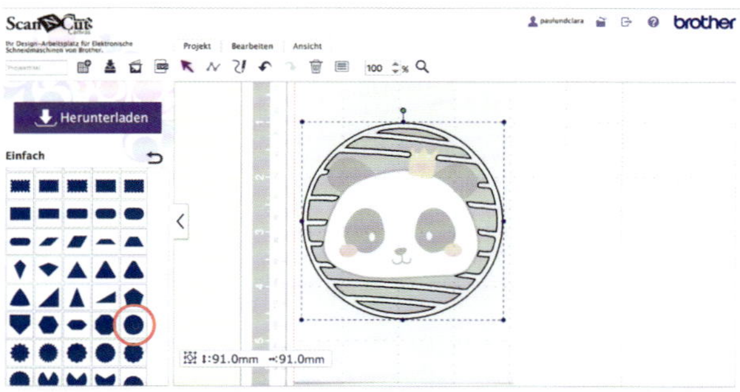

Ich möchte mein Bild einfach rund ausschneiden lassen. Dafür platziere ich einen Kreis mit ein wenig Abstand um das Motiv ...

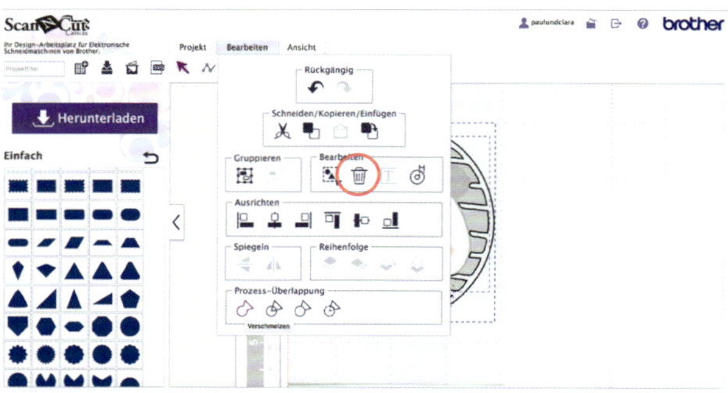

... und lösche anschließend die inneren Schneidelinien.

Zusätzlich füge ich noch weitere Elemente hinzu, die ich gerne aus meinem Material schneiden möchte. Durch den gescannten Hintergrund, kann ich die Elemente passgenau auf dem Material platzieren.

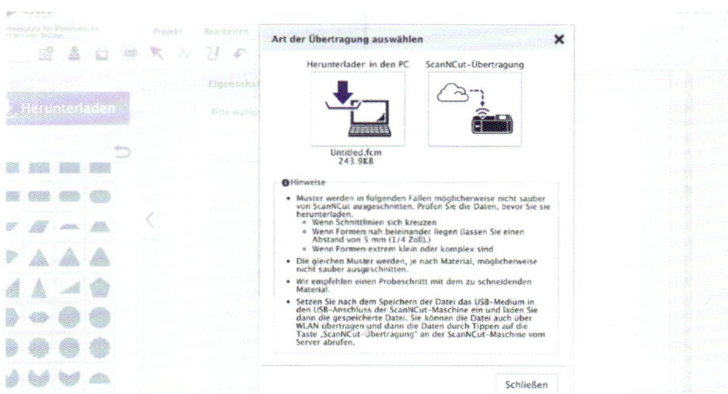

Anschließend sende ich mein Projekt mit „Herunterladen" wieder zurück an den Plotter.

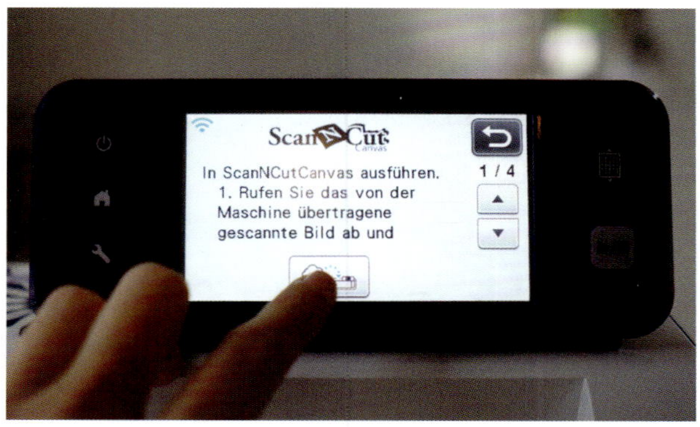

Klicke auf dem Bildschirm jetzt das Übertragungssymbol ...

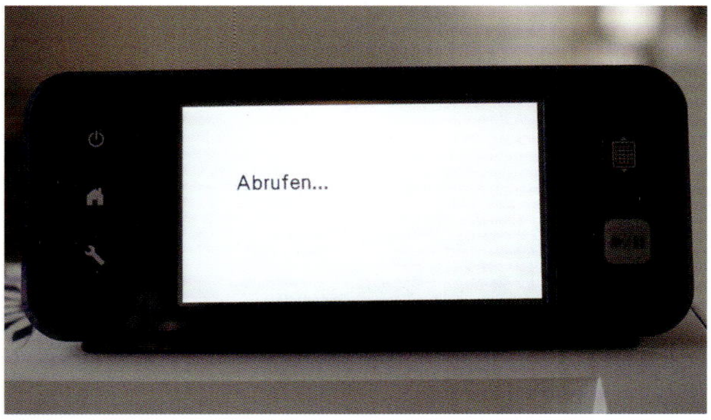

... und warte kurz.

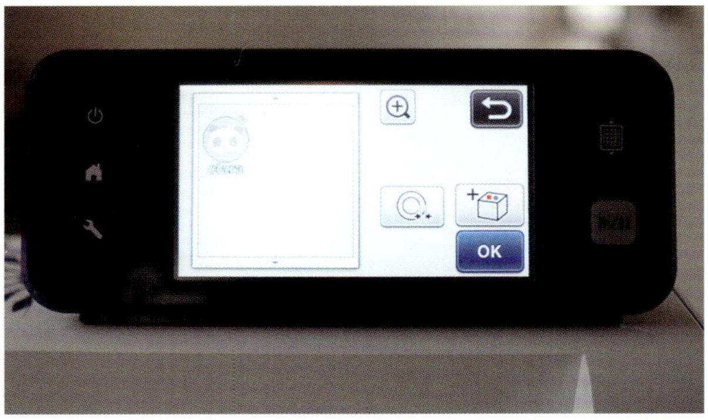

Bestätige nun mit „OK“ ...

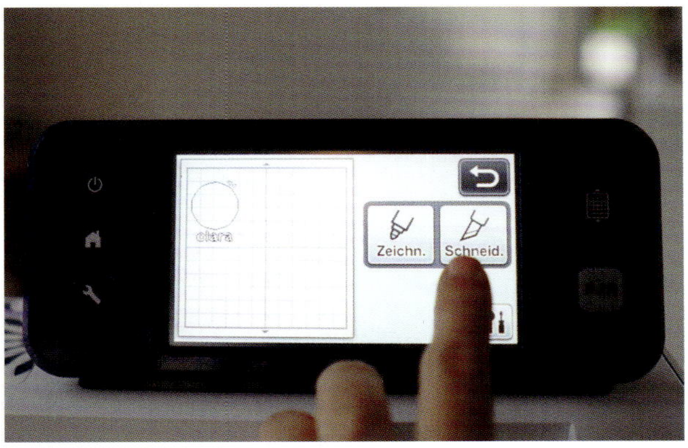

... und sende dann den Schneideauftrag los.

Löse jetzt nur noch deine geschnittenen Elemente von der Matte ...

... und mach was Schönes draus.

SCAN ZUR SCHNITTDATEI

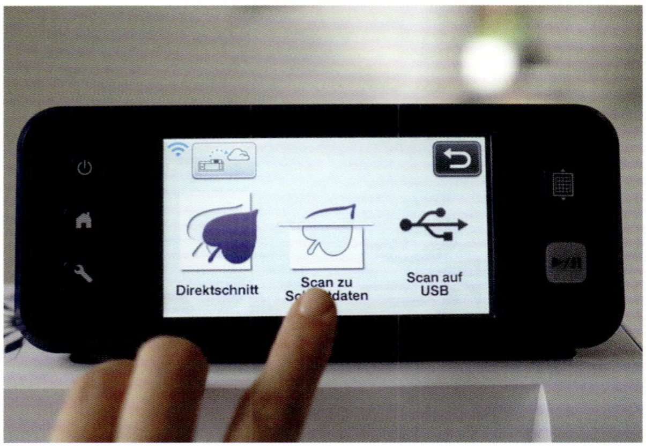

Willst du eine eigene Vorlage zeichnen? Dann wähle „Scan zu Schnittdaten" als Modus.

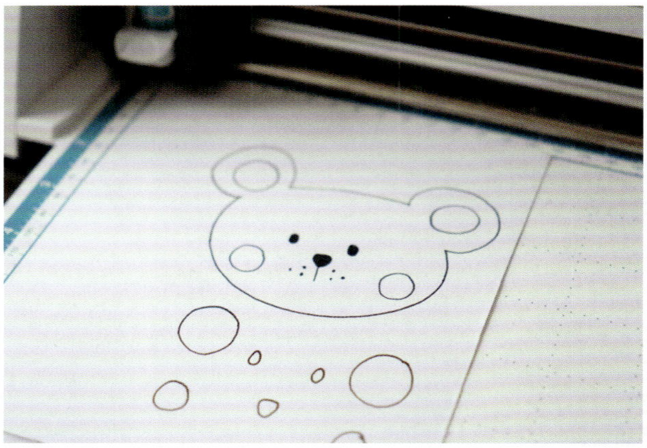

Zeichne deine Vorlage auf weißes Papier mit einem schwarzen nicht zu dünnen Stift. Wichtig ist, dass du die Flächen nicht ausmalst. Sondern wirklich als Linien, die dein Plotter später auch nachfahren kann.

Ich habe mich für einen Mäusekopf entschieden und alle inneren Elemente nochmal unter den Kopf gezeichnet, damit ich es später einfacher habe, bei der weiteren Bearbeitung.

Klebe deine Zeichnung auf die Schneidematte und klicke auf den Start-Knopf. Dein Messer muss nicht eingesetzt sein, stört aber auch nicht.

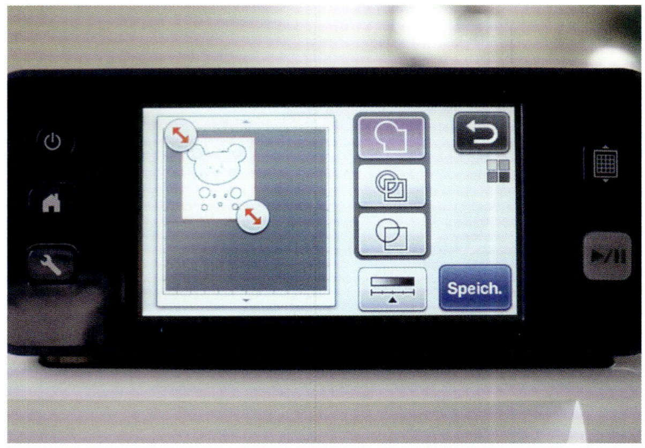

Nun kannst du die Erkennungsart auswählen. Für meine Zeichnung reicht der Umriss. Also der erste Modus. Klicke anschließend „Speich.".

Du kannst deine Schneidedatei entweder direkt auf deinem Plotter abspeichern, per WLAN an Canvas übertragen oder auf deinem USB-Stick speichern bzw. per USB an deinen Computer übertragen.

Jetzt kannst du deine neue Schneidedatei gleich benutzen und schöne Dinge zaubern.

SCAN AUF USB

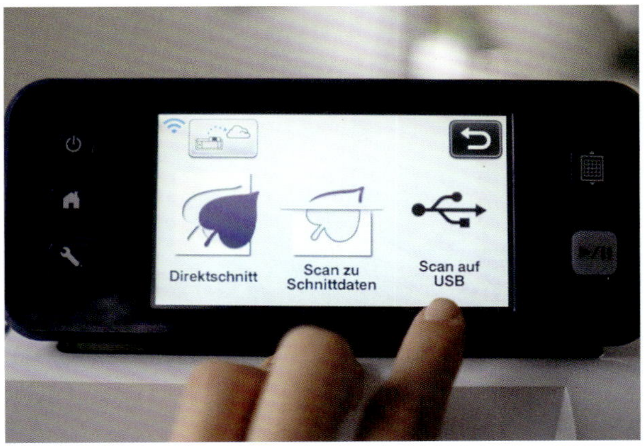

Du kannst auch ganz einfach Dokumente oder Fotos scannen und auf einem USB-Stick abspeichern. Wähle hierzu „Scan auf USB" ...

... und klebe die zu scannenden Elemente auf deine Schneidematte. Wähle entweder eine leicht klebende oder die speziell zum Scannen entwickelte Matte. Da sonst die Klebekraft zu hoch sein kann, und du deine Dokumente nicht mehr ablösen kannst, ohne sie zu beschädigen.

Lade anschließend die Matte. Das Messer muss für diese Funktion nicht eingesetzt sein, stört aber auch nicht.

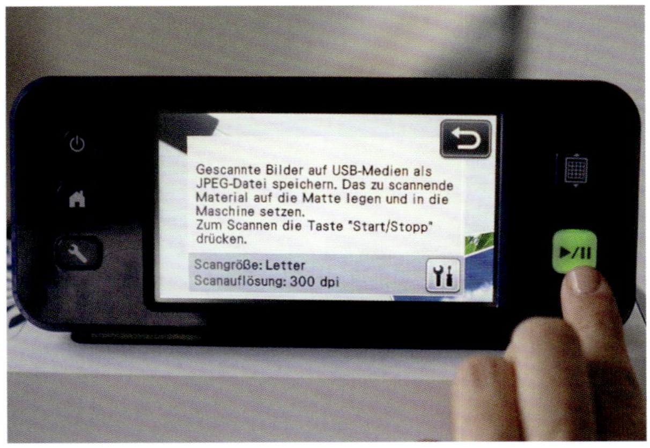

Starte den Scanvorgang mit der Start-Taste ...

... und der Plotter beginnt die Matte zu scannen.

Wenn der Vorgang abgeschlossen ist, erscheint eine Meldung auf dem Bildschirm und der Dateiname deiner abgespeicherten Datei wird angezeigt.

TESTSCHNITT

Du findest den Testschnitt unter „Muster“ oben mittig. Klicke auf „Test“ ...

... und wähle einen der 4 verschiedenen Testschnitte. Ich schneide am liebsten das Dreieck als Test aus.

Du kannst nun die Größe und die Anzahl deines Elementes verändern. Ich belasse alles, so wie es ist.

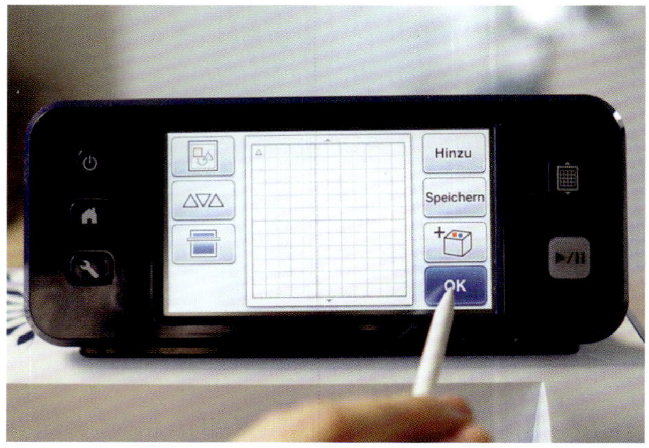

Das Dreieck sitzt nun oben links im ersten Quadrat. Dort kannst du es belassen und auf „OK“ klicken.

Platziere dein Material so auf der Schneidematte, dass auf jeden Fall das erste Viereck bedeckt ist und lade sie.

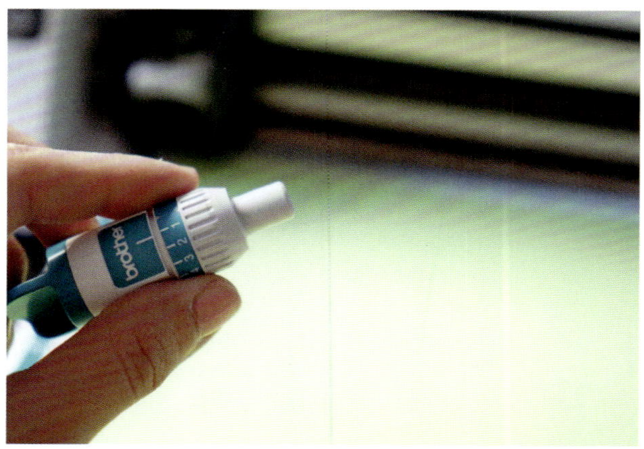

Stelle nun dein Messer auf einen niedrigeren Wert als er von Brother oder deinem Folienhersteller für dein Material empfohlen wird. So verhinderst du, dass dein Messer zu tief schneidet und die Matte beschädigt. Setze das Messer anschließend ein.

Wähle „Schneiden“ und klicke danach auf das Einstellungs-Symbol.

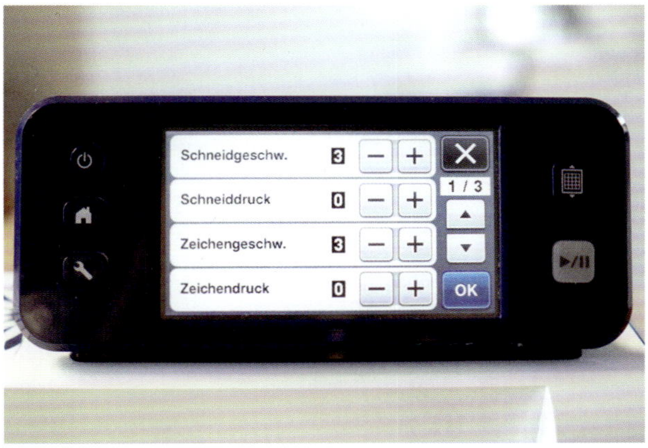

Hier kannst du weitere Einstellungen wie die Geschwindigkeit und den Schneidedruck verändern. Je komplexer dein Motiv ist, desto niedriger solltest du deine Geschwindigkeit und den Druck einstellen. Des weiteren kannst du auch fürs Zeichnen die selben Werte einstellen.

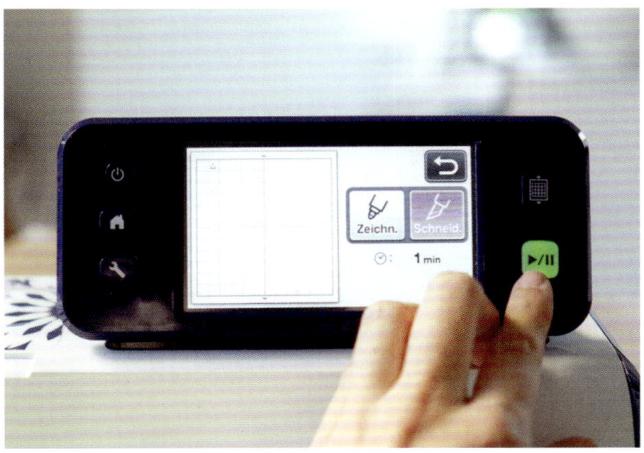

Starte nun deinen ersten Testschnitt.

Entnehme deine Schneidematte nachdem das Schneiden beendet ist und versuche das Dreieck zu entgittern. Wenn es sich nicht entgittern lässt, musst du dein Messer etwas höher stellen. Ist hingegen dein Trägermaterial beschädigt oder komplett durchgeschnitten, musst du dein Messer niedriger stellen.

Bei einem Testschnitt aus einem anderen Material, ohne Trägerfolie, wie zum Beispiel Papier, muss das Material zwar durchgeschnitten werden, aber die Schneidematte sollte so wenig wie möglich beschädigt werden.

Taste dich so an die optimale Einstellung deines Messers heran.

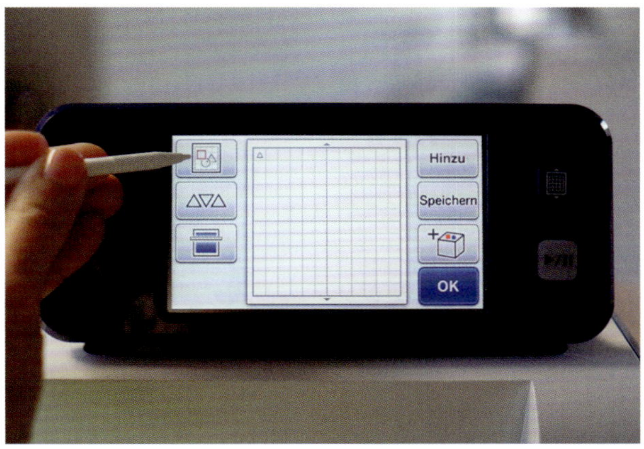

Bei jedem weiteren Testschnitt musst du vorher dein Element um ein Viereck der Matte verschieben, damit nicht nochmal an der selben Stelle geschnitten wird.

Stelle dein Messer anschließend auf den nächsten Testwert und plotte erneut dein Element.

Bei dieser Testreihe war der Plott bei der Messerlänge 1 etwas zu schwer zu entgittern. Bei 2 ging es perfekt und bei 3 wurde die Trägerfolie komplett durchgeschnitten. Ich entscheide mich also für den Wert 2, um nun mein eigentliches Projekt zu starten.

Hack

Hast du vor, etwas besonders Komplexes zu plotten? Dann erstelle dir einen eigenen Testschnitt, indem du ein @ einfügst und plottest. Dadurch hast du einen besonders filigranen Testschnitt, mit Innenteil. Lässt der sich gut entgittern, steht deinem Projekt nichts mehr im Wege.

Deine Schnitteinstellungen

	MESSER	MESSERLÄNGE	DRUCK
DÜNNES PAPIER			
DICKES PAPIER			
FLEX			
VINYL			
FLOCK			

Sammle hier deine Messereinstellungen und hab sie so immer griffbereit. Wenn du ein neues Messer oder Material nutzt, ist es immer ratsam die Einstellung mit einem Testschnitt nochmal zu prüfen und ggf. anzupassen.

TIPP: Fange beim Testen von Schnitteinstellungen immer mit niedrigeren Werten an als angegeben, um zu verhindern, dass deine Schneidematte beschädigt wird.

Zubehör

ALLES, WAS DU ZUM PLOTTEN BENÖTIGST

Schneidematten

NORMAL HAFTENDE SCHNEIDEMATTE
Die normale Schneidematte (30,5 x 30,5 cm) ist bei deinem Plotter immer dabei und wird dich auch eine Weile begleiten, da sie mit entsprechender Pflege sehr langlebig ist.

LEICHT HAFTENDE SCHNEIDEMATTE
Sie eignet sich perfekt für empfindliche Materialien. Jeder, der mal auf die Idee kam, Kopierpapier auf der normalen Matte zu schneiden, wird ihren Zweck verstehen. Ich nutze sie immer für die Arbeit mit Papier, da die Klebekraft dafür ideal ist und man das Material auch leicht wieder lösen kann.

GROSSE SCHNEIDEMATTE
In 30,5 x 61 cm für größere Projekte wie z. B. Wandtattoos.

SCAN MATTEN
Speziell zum Scannen von empfindlichen Materialien wie Fotos. Nicht zum Schneiden geeignet!

Hacks

1. Wenn deine Matte verschmutzt ist und die Klebekraft deswegen nachlässt, kannst du sie ganz einfach mit ölfreien Babyfeuchttüchern reinigen. Gut trocknen lassen und danach ist sie fast wie neu.

2. Lässt die Klebekraft deiner Matte nach, kannst du sie einfach mit wieder ablösbarem Sprühkleber auffrischen. Klebe aber vorher die Ränder mit Klebeband ab, damit hier kein Klebstoff aufgetragen wird.

ScanNCut
CM900
ScanNCut
brother
brother

Messer

Das wichtigste Werkzeug beim Plotten ist das Messer. Ohne ein scharfes, sauberes Messer kannst du nicht arbeiten.

Beim ScanNCut sind Messerhalter und Schneidemesser getrennt erhältlich. Das hat den Vorteil, dass man das Messer kostengünstig wechseln kann, ohne gleich auch den Messerhalter auszutauschen.

STANDARD MESSER
Das Standard Messer ist inkl. Halterung im Standardlieferumfang enthalten. Es lässt sich von Hand von Stufe 1–12 ausfahren. Zum Reinigen kannst du die Kappe komplett abschrauben und kleine Folienreste und ähnliches einfach entfernen.

TIEFSCHNITT MESSER
Das Schneidemesser für Tiefschnitte wurde speziell zum Schneiden dicker Werkstoffe wie Filz, Jeansstoff und sogar Leder entwickelt. Durch die längere Klinge ist es aber auch empfindlicher und kann leichter abbrechen.

Hacks

1. Ist dein Messer stumpf geworden? Schneide einfach ein paar mal durch Alufolie, dadurch wird es wieder schärfer.

2. Nutze für jedes Material ein eigenes Messer. Das hält deine Klingen länger scharf!

3. Zum Reinigen deiner Messer kannst du die Kappen abschrauben und dort Folienreste und ähnliches entfernen.

Spatel

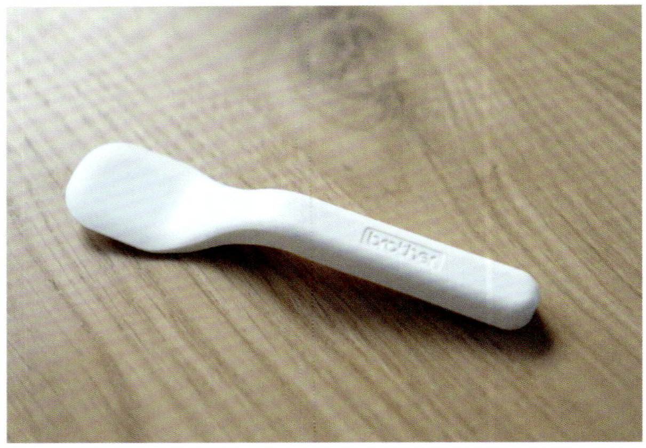

Mit dem Spatel kannst du ganz einfach kleine Teile von der Schneidematte anheben ohne sie zu beschädigen. Besonders bei Papier und filigranen Teilen ist das Werkzeug sehr hilfreich und schützt vor Knicken oder Schlimmerem.

Touch Pen

Mit dem Stift kann man den Bildschirm präziser bedienen, gerade wenn man ohne PC arbeitet, ist das sehr praktisch.

Entgitterwerkzeuge

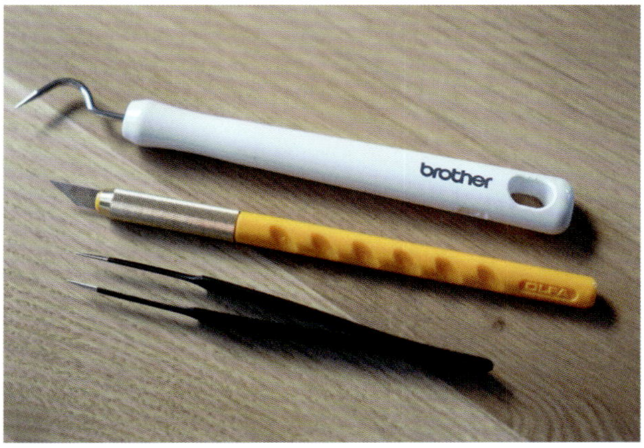

Beim Entgittern hat jeder seine eigenen Vorlieben. Ich stelle euch hier verschiedene Tools vor, aber es gilt wirklich: Ausprobieren!

Es gibt den Haken z. B. von Brother, mit ihm kann man wunderbar Folie aufpieksen und hochheben. Er ist ein toller Begleiter, der nur selten an seine Grenzen kommt.

Ich persönlich liebe mein Skalpell. Es ist so schön filigran, dass selbst komplizierte Plotts sich gut entgittern lassen. Und ist mal etwas nicht richtig geschnitten worden, kann man ganz fix nachhelfen.

Viele schwören auf Zahnarztbesteck, insbesondere Zahnsteinentferner. Sie haben einen tollen Grip und liegen sehr gut in der Hand. Zudem ist die Spitze gebogen und ermöglicht so, ähnlich wie beim Haken, ein leichtes Anheben der Folienteile.

Wer möchte, kann auch eine Pinzette ausprobieren, es gibt ganz feine Pinzetten mit langen, spitzen Enden. Mit ihnen kann man sehr filigrane Teile einfach anheben.

Wenn du mal nichts zur Hand hast, kannst du auch eine einfache Stecknadel benutzen. Wirklich bequem ist das aber nicht.

Rakel

Unverzichtbar bei der Arbeit mit Vinyl ist ein Rakel. Ohne ihn ärgert man sich am Ende nur über Luftblasen und Folie, die sich nicht von der Übertragungsfolie lösen will.

In der Not kann man anstatt eines professionellen Rakels auch eine Kreditkarte oder etwas Ähnliches verwenden.

Die Filzkante beim Rakel dient dazu, das die Folie beim darüberstreichen nicht zerkratzt.

Stifte

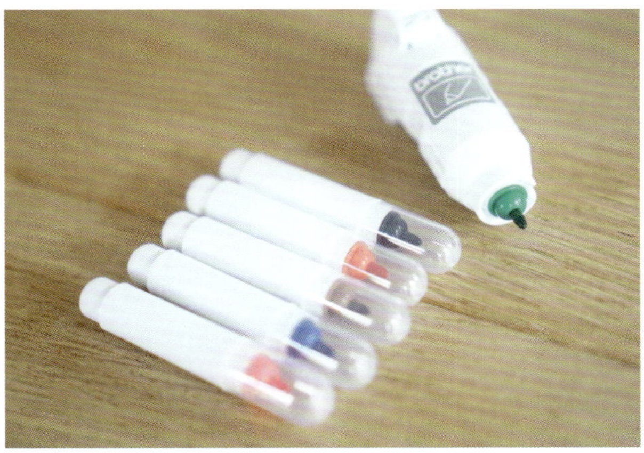

Für den Plotter gibt es auch Stifte. Diese setzt man anstelle des Messers in die Messerhalterung ein. So kann man anstatt zu schneiden schöne Dinge zeichnen.

Es gibt verschiedene Farben, die einfach in den speziellen Stifthalter eingesetzt werden können.

Zusätzlich kann man mit dem Universal Stiftehalter auch eigene Stifte benutzen.

Basiswissen

ÜBER DEINEN PLOTTER UND DAS ZUBEHÖR

MESSER EINSETZEN

Drücke den Hebel nach oben und setze das Messer mittig bis zum Anschlag in die Führung.

Verriegle den Hebel wieder, indem du ihn nach unten drückst.

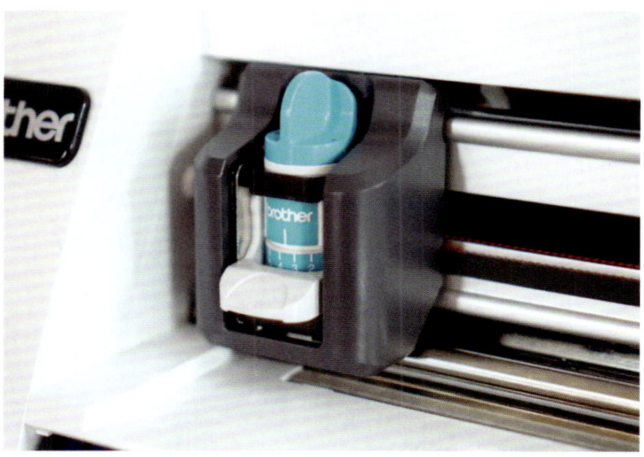

Fertig.

MESSER EINSTELLEN

Entnehme das Messer aus deinem Plotter.

Halte den oberen Teil des Messers fest und drehe den unteren Teil, bis die Referenzlinie auf den gewünschten Wert zeigt. Je höher der Wert, desto weiter fährt das Messer aus.

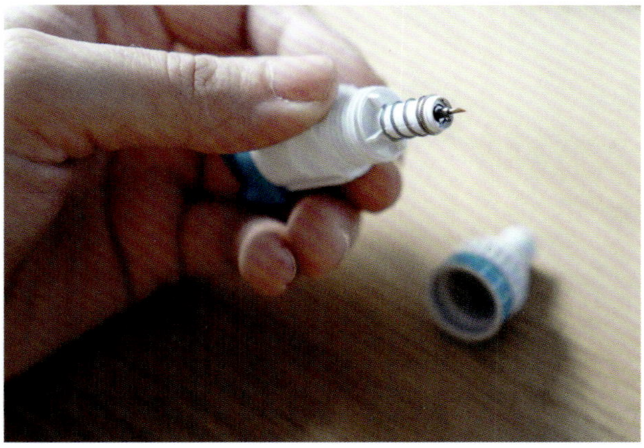

Schraube die Halterkappe zum Entfernen des Messers ab.

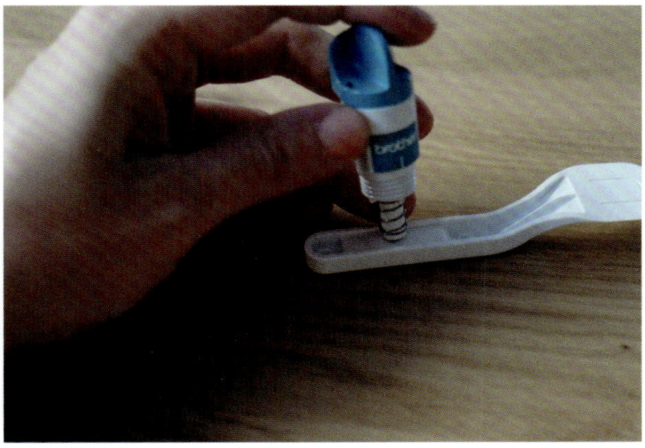

Stecke das Messer möglichst gerade in den Gummibereich auf der Rückseite des mitgelieferten Spatels.

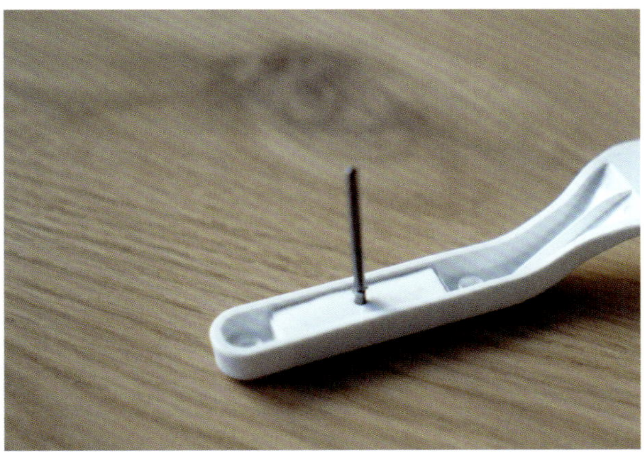

Ziehe den Halter nach oben, sodass das Messer im Gummibereich stecken bleibt.

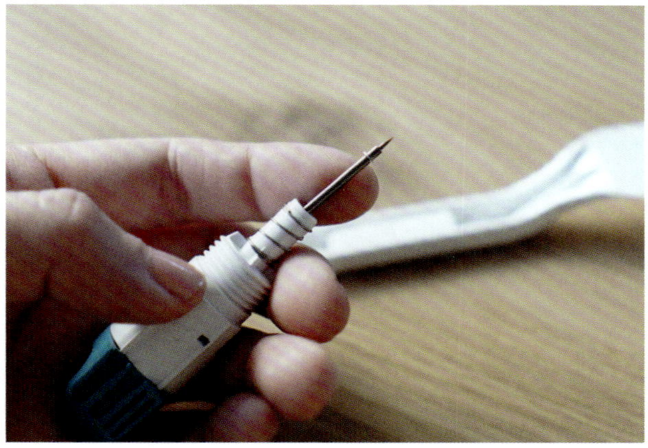

Halte das neue Messer am Schaft fest und führe diesen in die Messeröffnung am Ende des Halters ein. Pass auf deine Finger auf, das Messer ist sehr scharf!

TIPP: Der Messerschaft wird durch einen Magneten im Halter in Position gehalten. Führe den Messerschaft langsam ein und lasse ihn langsam los. Sobald der Schaft vom Magneten in Position gezogen wurde.

Schraube die Halterkappe zur Befestigung auf den Halter auf.

TIPP: Drehe die Kappe fest, bis das Messer auf seine maximale Länge ausgefahren ist. Drehe die Kappe anschließend so weit in Gegenrichtung, bis das Messer nicht mehr zu sehen ist.

MESSER REINIGEN

Schraube den Deckel von deinem Messer.

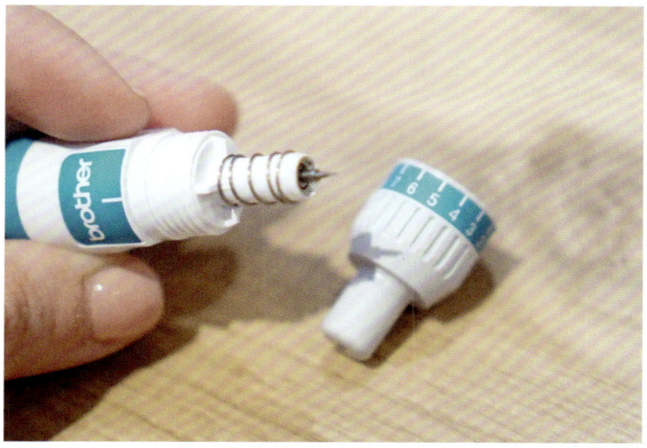

Im Inneren siehst du die kleinen Reste. Entferne sie vorsichtig mit einem Pinsel und drehe die Kappe wieder auf das Messer.

FOLIE RICHTIG PLATZIEREN

Entferne die Schutzfolie von deiner Schneidematte.

Klebe die Folie auf deine Schneidematte. Wichtig ist, dass das Trägermaterial unten liegt. Bei Flexfolien erkennt man dies an der glänzenden Seite, da das Trägermaterial oft eine durchsichtige Folie ist.

Bei Vinylfolie ist das Trägermaterial meistens weiß.

Wenn du dir unsicher bist, kannst du eine kleine Ecke deiner Folie lösen und abziehen. So siehst du schnell, welche Seite die Folie und welche das Trägermaterial ist.

SCHNEIDEMATTE EINLEGEN

Platziere die Matte bündig am Rand. Ist sie schief eingesetzt, kann der Brother sie nicht erkennen und gibt sie wieder aus.

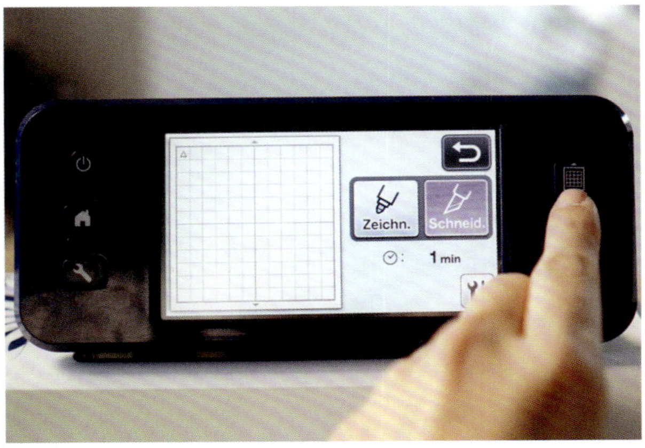

Drücke auf das Mattensymbol an deinem Plotter, um die Matte zu laden.

Drückst du erneut, wird die Matte wieder ausgegeben.

STIFTE EINSETZEN

Lege den Stifthalter und den Stift deiner Wahl bereit.

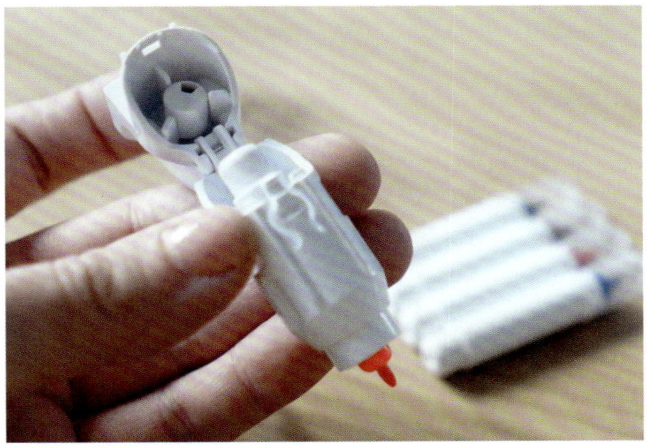

Nimm den Deckel vom Stift ab und klappe den Stifthalter auf. Darin platzierst du nun den Stift.

Schließe den Stifthalter wieder und setze ihn anstelle deines Messers ein.

TRANSFERPRESSEN

Heize die Transferpresse auf die vom Folienhersteller empfohlene Temperatur vor. Lege dann deinen Stoff mit der Folie ein.

Decke die Folie mit Backpapier oder dem dazugehörigen Material ab.

Schließe die Presse und öffne sie nach der vom Folienhersteller vorgegebenen Zeit. Entnimm dein Textil und lass die Presse offen abkühlen.

Damit deine Folie besonders gut haftet, ist es hilfreich den Stoff kurz ohne Folie vorzupressen.

SCANFUNKTION ZUR PLATZIERUNG NUTZEN

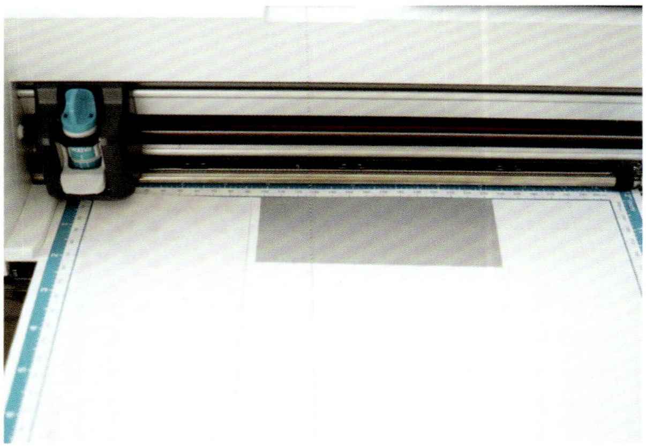

Platziere dein Material auf der Schneidematte.

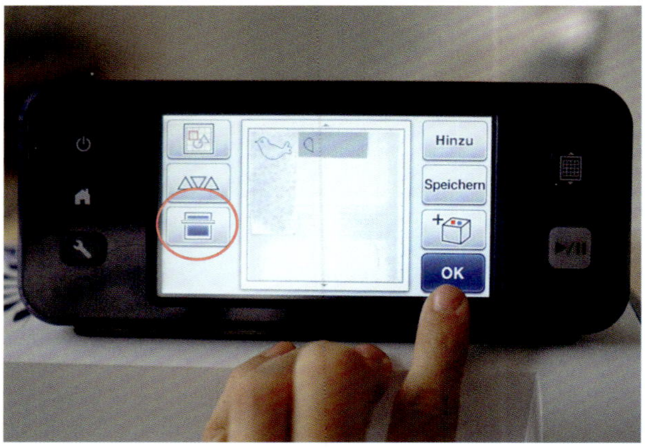

Öffne deine gewünschte Vorlage und scanne deine Matte ein. Sie erscheint danach im Hintergrund deiner Anzeige und du kannst deine Elemente passgenau auf den verschiedenen Materialien platzieren und diese optimal ausnutzen.

So kannst du in einem Schritt ganz einfach zwei Farben ausschneiden.

Dateiformate

DIE WICHTIGSTEN FORMATE UND IHRE VERWENDUNG

FCM	Eigenes Dateiformat von Brother. Wenn du eine Datei in Canvas oder am Plotter speicherst, wird sie im FCM-Format abgespeichert.
DXF	Das Standard-Format für gekaufte Dateien. Leider in Canvas meist nicht zu Öffnen. Können aber vorab in SVG konvertiert werden z. B. mit der kostenlosen Software Inkscape. DXF bedeutet Drawing Interchange Format und wurde extra für den Austausch von Vektordaten zwischen Programmen entwickelt. Der einzige Nachteil ist, dass durch das sehr einfache Format die Farbinformationen der Dateien verloren gehen und lediglich die reinen Schneidelinien dargestellt werden.
SVG	SVG-Dateien lassen sich meist ohne Probleme mit Canvas öffnen und bieten mehrere Vorteile. Zum einen haben sie durch die bessere Komprimierung weniger Ankerpunkte, wodurch der Schneidevorgang flüssiger läuft, und zum anderen werden die Farbflächen mit abgespeichert. Je nachdem wie eine SVG abgespeichert wurde, wird sie anders in Canvas dargestellt.
PNG	Perfekt für Print & Cut, da hier der Hintergrund transparent abgespeichert werden kann. PNG ist jedoch eine Pixeldatei und enthält daher keine Schneidelinien. Dafür müssen die Bilder erst nachgezeichnet werden.
JPG	Verwende ich immer als Vorschau für die Dateien, damit jeder sie in Farbe betrachten kann. Ist auch für Print & Cut geeignet, hat jedoch keinen transparenten Hintergrund.

Weitere Formate wie PDF, EPS, GIF oder TIF können zwar teilweise direkt oder über Umwege in Canvas geöffnet werden, gehören aber nicht zu den gängigen Dateiformaten. Mit deinem Brother Plotter kannst du sogar PES-Dateien öffnen und verarbeiten.

Materialien

DIE DU MIT DEINEM PLOTTER VERARBEITEN KANNST

Im Prinzip kannst du mit deinem Schneideplotter fast jedes Material schneiden. Es gibt nur 2 Einschränkungen: Das Material darf nicht zu dick und nicht zu dehnbar sein. Deswegen muss Stoff z. B. vor dem Schneiden verstärkt werden.

Deiner Fantasie sind also keine Grenzen gesetzt! Du musst dich nur trauen!

Hier eine Übersicht der möglichen Materialien:

- Papier
- Vinyl
- Flexfolie
- Flockfolie
- Karton
- Stoff
- Veganes Leder
- Card Stock
- Freezer Paper
- Stempelmaterial
- Schablonenmaterial
- Washi Tape

Ich gehe im jeweiligen Praxisteil noch genauer auf die 3 Hauptmaterialien Thermotransferfolie, Vinyl und Papier ein.

Hacks

1. Bist du dir unsicher bei den Schnitteinstellungen oder ob das Schneiden überhaupt klappt? Dann nutze den Testschnitt. Mit ihm kannst du ganz einfach probieren, ob deine Einstellungen richtig sind, ohne das Risiko einzugehen, dass du gleich das komplette Material falsch schneidest.

2. Für die meisten Materialien gibt es von Brother ein Empfehlung, an der du dich orientieren kannst. Vergiss aber nicht, trotzdem einen Testschnitt zu machen.

Thermotransfer!

WAS IST DAS EIGENTLICH?

Flex? Flock? Was ist das eigentlich und was ist der Unterschied?

Zugegeben: Am Anfang weiß man gar nicht, was das alles für Folien sind und für was welche Folie gebraucht wird. Ich finde, das ist, als würde man eine Fremdsprache lernen, wenn man zu plotten beginnt.

Thermotransfer bedeutet ganz schlicht, dass diese Folien mit Hitze übertragen werden – anders als Vinyl, das ja schon von selbst klebt. Beim Erhitzen schmilzt der Schmelzklebstoff und verbindet sich mit dem Untergrund. Hierfür geeignet sind alle hitzebeständigen Stoffe.

Für besonders hitzeempfindliches Material wie Regenschirme gibt es auch Flexfolie, die bereits mit weniger Hitze und in geringerer Zeit haftet.

Es gibt drei Arten von Thermotransferfolien:

FLEXFOLIE

Die absolute Standardfolie für Textilien. Sie dehnt sich mit und ist daher perfekt für Kleidung geeignet. Flexfolie ist eine dünne Folie, die es in den verschiedensten Farben oder auch in Metallic, reflektierend oder nachtleuchtend gibt. Sie ist perfekt geeignet für mehrfarbige Plotts, da sich mehrere Schichten übereinander pressen lassen.

FLOCKFOLIE

Etwas für die Kuscheligen. Flockfolie hat eine samtige Oberfläche und ist deutlich dicker als Flexfolie. Sie ist für Textilien gedacht und wird auch aufgepresst. Flex sollte nicht auf Flockfolie gepresst werden, aber anders herum ist es kein Problem. Ich liebe Flockfolie, da sie sehr hochwertig aussieht, sich toll anfühlt und man mit ihr schöne Akzente setzen kann - z. B. flauschige Bäckchen.

GLITZERFOLIE

Diese Folien glitzern in den schönsten Farben und sind ein echter Hingucker.

Wie lange und wie heiß eine Folie übertragen wird, hängt vom Hersteller ab. Die meisten Hersteller und Verkäufer geben das auf ihren Seiten an oder legen eine Information für euch bei.

5 Hacks

1. Presse immer so kurz wie möglich! Sonst kann die Folie schmelzen oder schrumpfen. Kontrolliere lieber nach ein paar Sekunden, ob sich die Folie schon löst und presse eventuell noch einmal. Nach dem Abziehen der Folie presst du den fertigen Plott noch einmal kurz, bis alles gut haftet.

2. Wickle dir ein Stück Paketband um den Arm und sammle dort die abgelöste Folie beim Entgittern. Das spart Zeit und erleichtert dir das Aufräumen.

3. Sind die Schneidelinien nicht zu sehen? Nutze ein Stück Kreide und male über die Folie. So heben sich die Linien hervor. Nach dem Entgittern kannst du die Kreide einfach abwischen.

4. Mit einem kleinen Skalpell kannst du beim Entgittern kleine Stücke, die eventuell nicht richtig geschnitten wurden, nachschneiden. So rettest du so manchen Plott vor der Mülltonne.

5. Haben sich beim mehrfarbigen Plott Linien von den Folien beim Pressen gebildet? Presse einfach am Ende noch mal kurz nur mit Backpapier nach, das mildert die Abdrücke.

AUFBAU THERMOTRANSFERFOLIE

Übungsdateien

DU FINDEST ALLE DATEIEN DIE IN DIESEM BUCH VERWENDET WERDEN HIER:

paulundclara.com/plotter1x1

Passwort: puc_plotter

Einfarbig plotten

BABYBODYS AUFHÜBSCHEN

MIT EINFARBIGEN PLOTTS KANNST DU SUPERSCHNELL EIN SCHLICHTES TEIL ZU EINEM ECHTEN HINGUCKER MACHEN. UND DU HAST IMMER IM HANDUMDREHEN EIN EINZIGARTIGES GESCHENK PARAT – ZUM BEISPIEL FÜR EINEN NEUEN ERDENBÜRGER.

LOS GEHT´S! DEIN ERSTES TEXTILPROJEKT WARTET AUF DICH!

Das perfekte erste Flexprojekt!

SCHRITT 1

DATEI IN CANVAS VORBEREITEN

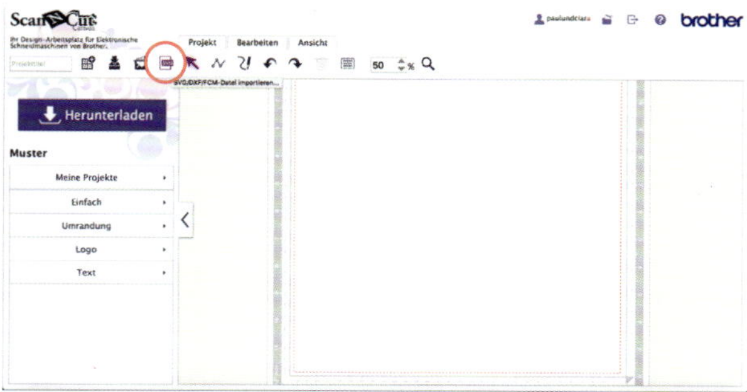

Öffne ScanNCut Canvas in deinem Browser und starte ein neues Projekt. Klicke anschließend auf „Datei importieren“ …

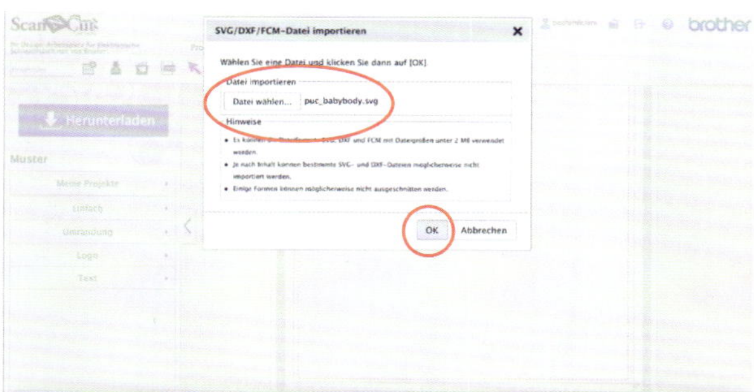

… und öffne die Datei „puc_babybody“.

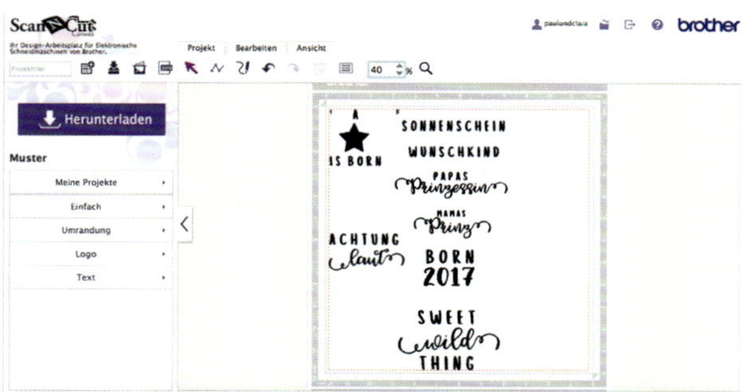

Markiere alle Elemente, die du nicht plotten möchtest …

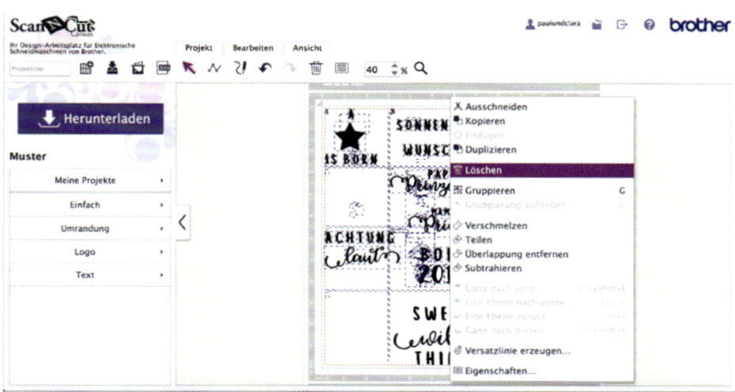

… und lösche sie dann, z. B. mit rechte Maustaste – „Löschen“.

Los geht's!

SCHWIERIGKEIT **FLEX**

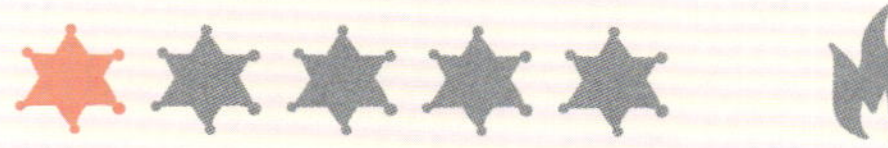

MATERIAL

- Babybodys
- Flexfolie
- Backpapier
- Entgittertool
- Bügeleisen oder Presse

VORLAGE

- puc_babybody

Tipp

Achte darauf, dass du hochwertige Folien benutzt. Gerade bei den ersten Tests wirst du sonst schnell verzweifeln, weil das Schneiden nicht klappt oder die Folie nicht am Stoff haften will.

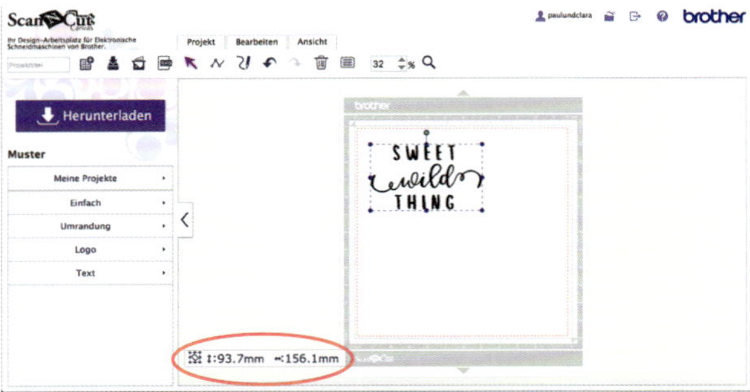

Danach wählst du den verbleibenden Spruch aus, indem du einen Rahmen um ihn ziehst. Gruppiere am Besten noch alles, damit nichts verrutschen kann, mit „G" oder rechte Maustaste – „Gruppieren".

Nun misst du aus, wie groß der Text auf deinem Body sein muss. Auf diese Größe skalierst du den Text. Die aktuellen Maße siehst du immer eingeblendet. Wenn dir das Finden der richtigen Größe mit der Maus zu ungenau ist, kannst du auch unter „Eigenschaften" die richtigen Maße eingeben.

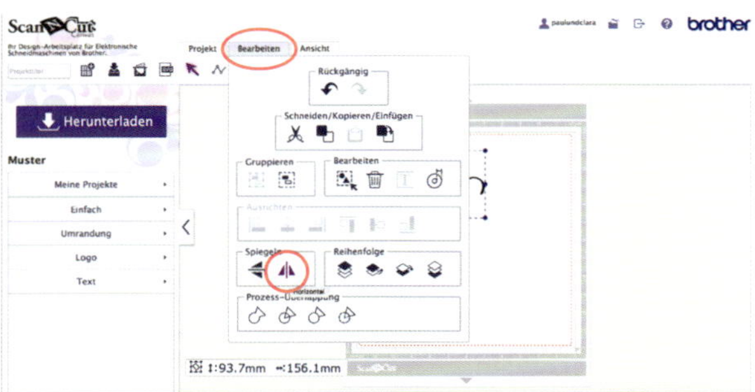

Nun kommt der wichtigste Schritt, wenn du Texte auf Thermotransferfolie plottest! SPIEGELN! Schreib dir das am Besten riesig auf deinen Plotter, da man es immer wieder vergisst. Glaub mir!

Wähle hierfür den Text aus und klicke im Bearbeiten-Fenster auf „Horizontal wenden".

SCHRITT 2
PLOTTEN

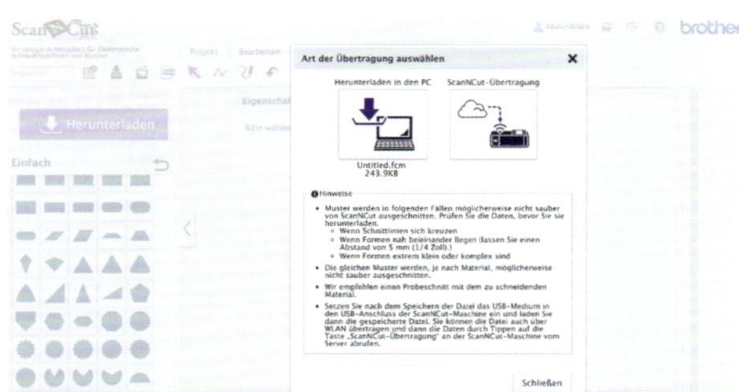

Zufrieden? Dann klicke nun „Herunterladen" und wähle die Übertragungsart deiner Wahl – per USB oder per WLAN.

Wähle die passende Flexfolie und klebe sie auf die Schneidematte – die matte Seite nach oben, die glänzende (Trägermaterial) nach unten. Anschließend lädst du die Schneidematte und stellst dein Messer auf den nötigen Wert.

Wähle als Nächstes an deinem Plotter auf dem Startbildschirm „Muster" und dann den Übertragungsbutton.

Falls du ein neues Material schneidest und dir unsicher bist, welche Einstellungen die richtigen sind, mache unbedingt vorab einen Testschnitt.

Tipp

Stoffe sollten vor dem Plotten kurz vorgepresst werden, so haftet dein Plott besser.

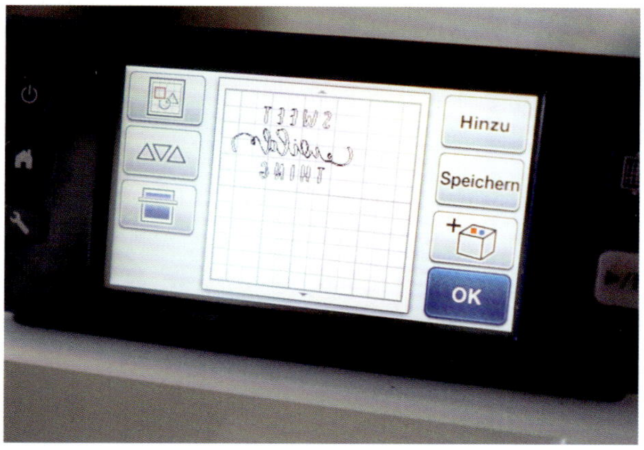

Dein Muster wird geladen und erscheint auf deiner Schneidematte. Prüfe nochmal, ob alles korrekt ist und sende den Auftrag dann an deinen Plotter.

Bestätige hierzu mit „OK“, wähle dann „Schneiden“ und klicke den grün leuchtenden Start-Button.

SCHRITT 3

ENTGITTERN

Entlade nun die Schneidematte und löse vorsichtig die Folie von der Matte. Dann kannst du das Motiv grob mit der Schere ausschneiden, sodass du ein kleines Rechteck erhältst.

Das Entgittern bei dieser Vorlage ist etwas schwerer, da die Schriften viele Ecken und Kanten haben, in denen die Folie hängen bleiben kann. Sei deswegen ganz vorsichtig und kontrolliere beim Abziehen immer, wo genau der Plott sitzt. Löse hierfür zuerst an einer Ecke die Folie vom Trägermaterial und ziehe sie langsam ab. Jetzt kannst du mit dem Haken oder einem anderen Entgitter-werkzeug die Innenteile der Schrift entfernen. Sei vorsichtig, nicht dass du die Folie beschädigst, die stehen bleiben soll.

So sieht dein fertig entgitterter Plott aus.

SCHRITT 4

PRESSEN

Als Nächstes klebst du die Folie auf den Body und kontrollierst den Stand. Zufrieden? Dann geht´s jetzt ans Pressen.

Lege den Body in die Presse oder auf eine feste Unterlage, wenn du mit dem Bügeleisen arbeitest. Decke den Plott mit Backpapier ab und presse nach den Angaben deines Folienherstellers bei der vorgegebenen Temperatur. Achte beim Pressen mit dem Bügeleisen immer darauf, dass du das Bügeleisen so wenig wie möglich bewegst und einen hohen Druck aufbaust. Bei größeren Plotts kannst du einfach mehrfach die Position des Bügeleisens wechseln und immer wieder pressen.

Lasse nun je nach Folie den Plott kurz abkühlen oder ziehe die Trägerfolie warm ab. Sei dabei ganz vorsichtig und achte darauf, dass der Plott sicher am Textil haftet. Ist dies nicht der Fall, musst du kurz nachpressen, bis der Plott haften bleibt. Manchmal hilft es auch, die noch heiße Folie etwas mit einem Rakel auf den Stoff zu drücken.

Überprüfe die Angaben deines Folienherstellers nochmal, wenn auch das erneute Pressen nicht hilft.

Plotten mit Stoffapplikation

TOLLE EFFEKTE ERZIELEN

DU WILLST AUS DEINEM PLOTT ETWAS GANZ BESONDERES MACHEN? DANN ERGÄNZE DOCH EINFACH MAL TEILE AUS STOFF.

SCHRITT 1

PLOTT VORBEREITEN

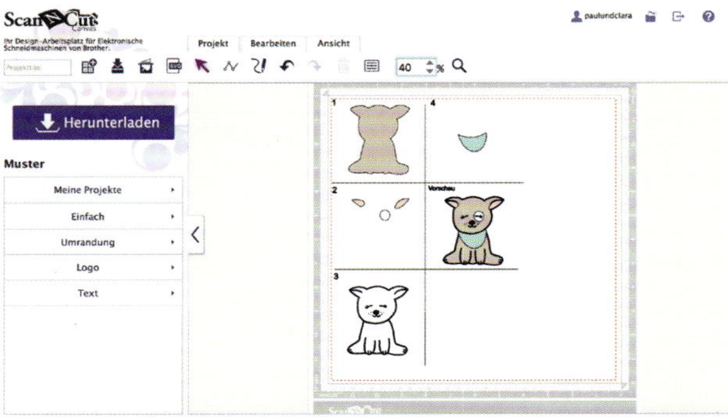

Öffne die Datei „puc_hund" in deiner Software.

Mehrfarbige Dateien von Paul & Clara sind immer in die einzelnen Schritte aufgeteilt, in der Reihenfolge, in der auch später gepresst werden muss. So ist das Plotten einfacher und du musst nicht selbst alles arrangieren.

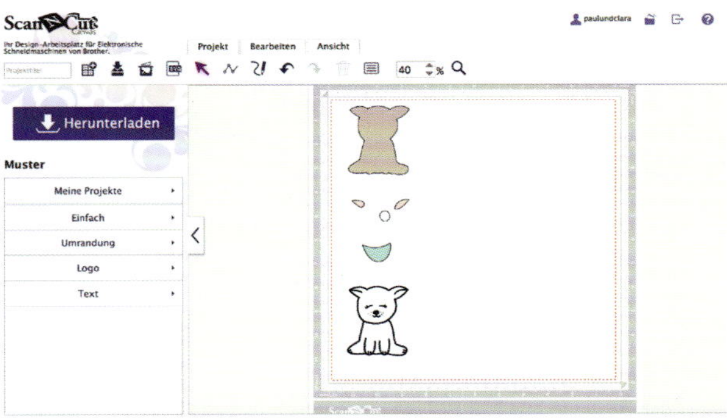

Lösche zum Plotten alle unnötigen Elemente und skaliere die Datei nach deinen Wünschen.

1. 2. 3.

Um die Schritte zu plotten, musst du pro Farbe eine Schneidedatei generieren und entweder auf deinem USB-Stick sichern oder direkt per WLAN an deinen Plotter senden. Schneide hierzu immer die Elemente die du nicht benötigst aus und übertrage diese Datei. Danach fügst du wieder alle Elemente ein und löschst die andere aus der Datei ... usw.

Los geht's!

SCHWIERIGKEIT **FLEX**

MATERIAL

- Stoff
- Vliesofix
- Flexfolie
- Backpapier
- Entgittertool
- Bügeleisen oder Presse

VORLAGE

- puc_hund

Tipp

Ersetze Kleider, T-Shirts und andere Elemente mit Stoffapplikationen. So erhält dein Plott viel mehr Tiefe und wird besonders schön.

Du kannst die Datei auch komplett an deinen Plotter senden und in einem Schritt schneiden. Hierzu musst du die verschieden farbigen Folien auf deiner Matte befestigen, die Matte einscannen und dann die Elemente auf den Folienstücken ausrichten. Das geht jedoch nur, wenn du alles mit den selben Schnitteinstellungen schneiden kannst, also das gleiche Material verwendest.

Das Halstuch kannst du auf einer beliebigen Folie mit ausschneiden lassen. Anschließend entgitterst du Alles und presst die Schichten gemäß der Reihenfolge, bis auf das Halstuch, auf.

Dann schneidest du das Halstuch mit der Trägerfolie mit einer Schere aus. So erhältst du deine Schablone für die Stoffapplikation.

SCHRITT 2

APPLIKATION VORBEREITEN

Lege dir dein Material und die Schablone zurecht. Den Stoff kannst du zurechtschneiden und das Vliesofix in derselben Größe bereitlegen.

Lege das Vliesofix nun mit der rauen Seite auf die linke Stoffseite und bügele es kurz fest.

Benutze anschließend die Schablone, um das Halstuch spiegelverkehrt auf der Rückseite des Stoffes aufzuzeichnen.

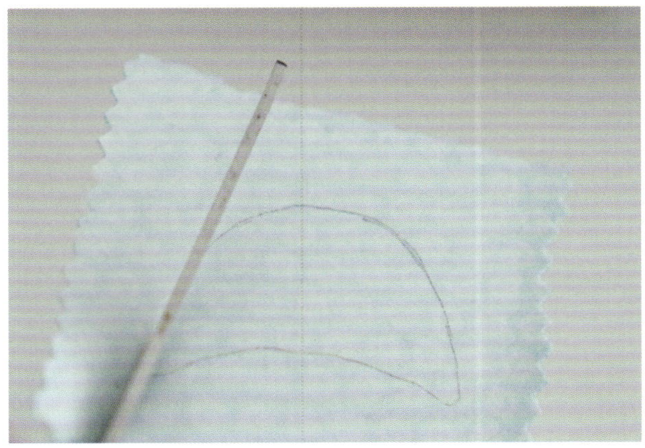

Schneide jetzt den Stoff aus.

Löse den Schutzfilm vom Vliesofix …

… und presse den Stoff mit dem Bügeleisen oder deiner Presse auf.

SCHRITT 3

APPLIZIEREN

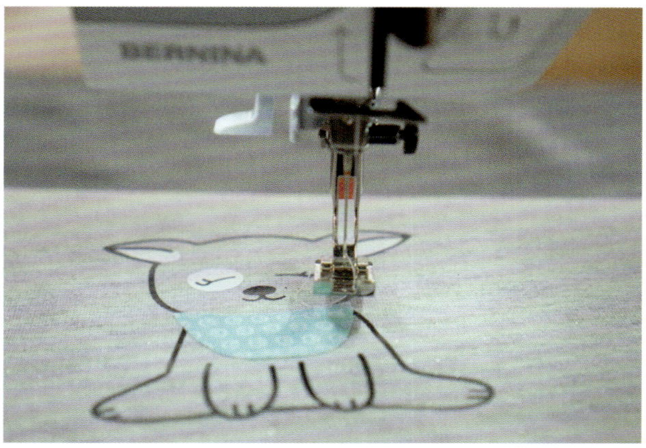

Jetzt nähen wir den Stoff fest. Hierzu kannst du den ersten Stich mit dem Handrad fixieren, indem du die Nadel an der gewünschten Stelle versenkst.

Nähe als Nächstes langsam mit einem Geradstich um das Halstuch.

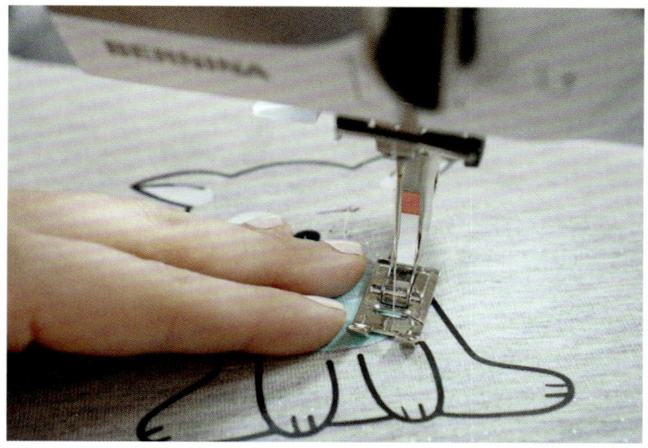

Achte besonders in den Kurven sehr darauf, genau zu arbeiten. An kritischen Stellen kannst du auch mit dem Handrad arbeiten. Oder du hebst mit versenkter Nadel den Fuß an, um den Stoff zu justieren.

Fertig ist deine Stoffapplikation. Na, was meinst du, fehlt vielleicht noch ein Knopf? Tobe dich aus. Ein Plott bildet die perfekte Grundlage, um kreativ zu werden.

Tipps & Tricks

- Zur Verstärkung des Stoffes, auf den die Applikation aufgenäht werden soll, empfehle ich, auf der Rückseite zusätzlich ein Stickvlies zum Abreißen zu verwenden
- Der Stick-Nähfuß ist schön klein und durchsichtig. So sieht man, wie und wo man näht.
- Langsam nähen! Eventuell sogar nur am Handrad drehen und nicht das Fußpedal benutzen.
- Wenn du mehrmals mit einem Geradstich und mit einer anderen Garnfarbe nähst, dann entsteht ein besonderer Look.
- Sei kreativ! Ersetze Elemente mit verschiedenen Materialien, z. B. Seile durch echte Kordeln, Beeren durch Perlen …

Mehreren Folien plotten

UND MITEINANDER KOMBINIEREN

PLOTTE IN MEHREREN FARBEN, UM DEINEN PLOTT GANZ BESONDERS HERVORZUHEBEN.

SCHRITT 1

DATEI VORBEREITEN

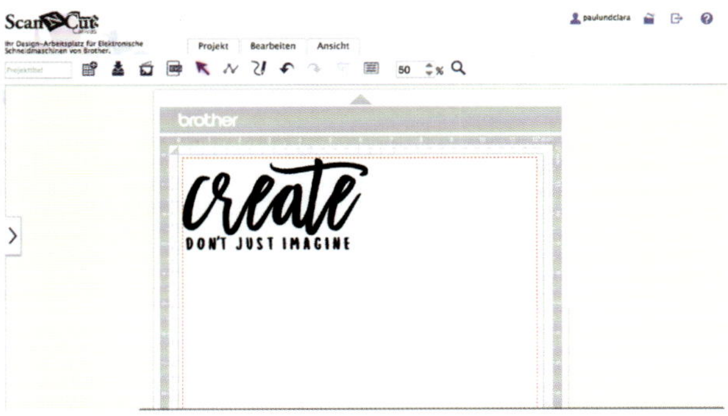

Öffne die Datei „puc_justcreate“ in deiner Software.

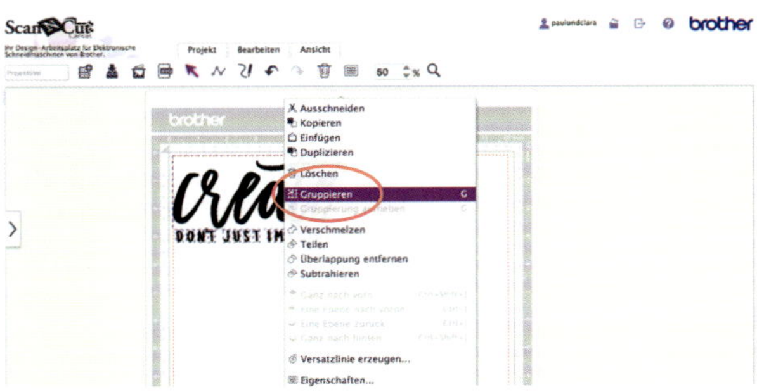

Markiere alle Elemente und wähle rechte Maustaste – „Gruppieren“.

Miss aus, wie groß der Text auf deiner Hülle sein muss. Auf diese Größe skalierst du den Text. Die aktuellen Maße siehst du immer eingeblendet. Wenn dir das Finden der richtigen Größe mit der Maus zu ungenau ist, kannst du die genauen Maße auch unter „Eigenschaften“ eingeben.

Los geht's!

SCHWIERIGKEIT FLEX

MATERIAL

- Zugeschnittener Stoff für dein Schnittmuster, evtl. Bänder oder Ähnliches
- Flexfolie
- Backpapier
- Entgittertool
- Bügeleisen oder Presse
- Nähmaschine

VORLAGE

- puc_justcreate
- puc_beavoice

Tipp

Verschönere deine Hülle mit Bändern oder Knöpfen, um sie ganz besonders und individuell zu machen.

INFO: DIESE ANLEITUNG ZEIGT EINE SILHOUETTE-HÜLLE. DIE SCHRITTE LASSEN SICH AUCH AUF ANDERE HÜLLEN ÜBERTRAGEN.

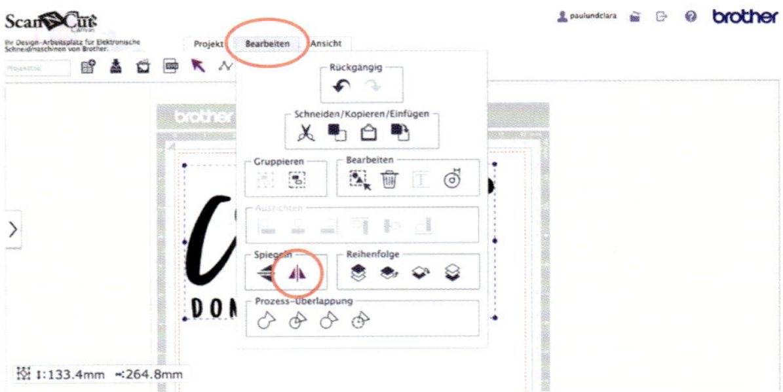

Jetzt unbedingt SPIEGELN! Das ist immer wichtig, wenn du Texte aus Thermotransferfolie plottest. Wähle hierfür alles aus und klicke „Bearbeiten" und wähle dann „Horizontal spiegeln".

SCHRITT 2

PLOTTEN

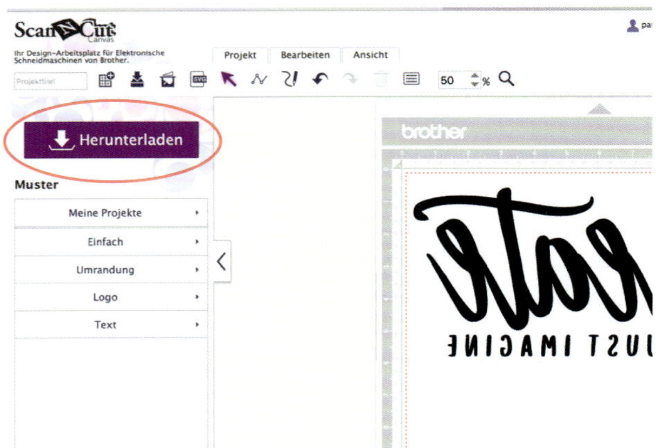

Sende nun die Schneidedatei mit „Herunterladen" an deinen Plotter.

Da wir den Text zweifarbig plotten möchten, musst du entweder eine Schnittdatei pro Farbe erstellen oder deine Elemente so anordnen, dass du auf einer Matte zwei Folien schneiden kannst.

Stelle jetzt dein Messer auf den richtigen Wert für deine Folie und sende deine Datei an den Plotter.

SCHRITT 3

ENTGITTERN

Entgittere deinen Text anschließend wie bereits geübt. Und schneide die Folie so knapp wie möglich zu.

SCHRITT 4

PRESSEN

Du kannst den Plott so aufkleben, dass die Folien sich nicht überschneiden. So musst du nur einmal pressen.

Presse die Folie gemäß den Folienangaben.

Create
DON'T JUST IMAGINE

Applizieren

MIT FLEXFOLIE

WUSSTEST DU, DASS MAN STOFF MIT DEM PLOTTER SCHNEIDEN KANN? UND DAS BESTE: DU KANNST DIE APPLIKATION SOGAR OHNE NÄHMASCHINE FIXIEREN: MIT FLEXFOLIE! DAS GEHT! UND SIEHT AUCH NOCH RICHTIG TOLL AUS!

Das geht! Und sieht super aus!

SCHRITT 1

DATEI VORBEREITEN

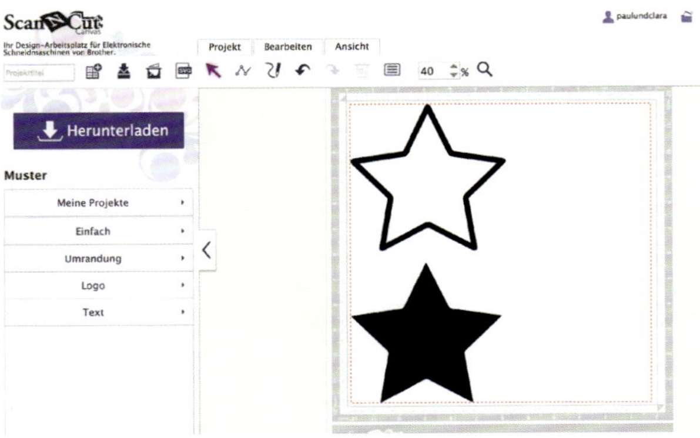

Öffne die Datei „puc_sternappli“ in deiner Software.

Richte dir die Größe ein und plotte zuerst den oberen Stern – die Kontur – aus Flexfolie. Danach bereiten wir den Stoff für den applizierten Stern vor.

SCHRITT 2

VLIESOFIX AUFBÜGELN

Schneide ein Stück Vliesofix in der Größe deines Stoffes aus und bügele das Vlies auf dessen Rückseite. Das geht auch wunderbar mit deiner Presse, falls du eine zur Hand hast.

Los geht's!

SCHWIERIGKEIT

FLEX

MATERIAL

- Stoffrest
- Flexfolie
- Presse oder Bügeleisen
- Backpapier
- Silhouette Stabilizer oder Vliesofix
- Entgittertool

VORLAGE

- puc_sternappli

Tipp

Erstelle deine eigenen Applikationen! Das geht supereinfach und macht Spaß! Ich erkläre dir auf der nächsten Seite in der grauen Box, wie das geht.

SCHRITT 3

APPLIKATION SCHNEIDEN

Sende die Schneidedatei für den Stoffstern an deinen Plotter und befestige deinen Stoff mit der rechten Seite auf der Schneidematte und lade sie. Danach kannst du den Schneidevorgang starten. Achte bei den Einstellungen darauf, dass das Messer tief genug schneidet.

SCHRITT 4

ENTGITTERN

Löse den Stoff von der Schneidematte und entferne den äußeren Stoff. Wenn einzelne Fäden nicht geschnitten wurden, kannst du einfach kurz mit einer Schere nachhelfen. Das passiert bei dickeren Stoffen leicht.

Entferne nun noch das Papier auf der Rückseite.

SCHRITT 5

PRESSEN

Als Nächstes legst du deinen Stoffstern in die Flexfolien-Kontur. Durch das Trägermaterial bleibt der Stoff perfekt haften und es kann sich nichts mehr verschieben.

Lege den Stern auf den Stoff und presse die Flexfolie gemäß deren Vorgaben. Danach löst du noch vorsichtig die Trägerfolie.

FERTIG!

Schon ist deine Applikation fertig und hält bombenfest. Die Folie schützt deine Stoffkanten, sodass du lange Freude an deiner Applikation haben wirst.

Eigene Applikationen

Du kannst dir auch ganz einfach eigene Applikationen erstellen! Nutze hierzu das Versatzlinien-Werkzeug.

Wähle deine Form aus und klicke „Bearbeiten – „Versatzlinie erzeugen". Gib nun deinen gewünschten Abstand ein – dieser stellt deine spätere Konturdicke der Flexfolie dar. Achte daher darauf, dass der Wert nicht zu gering ist, damit genug Fläche vorhanden ist, dass deine Stoffkanten später von der Folie umschlossen werden.

Diesen Schritt wiederholst du mit den neuen größeren Element.

Wähle den äußersten Kreis und verschiebe ihn auf eine hintere Ebene. Nun musst du nur noch die mittlere Schneidelinie auswählen und unter den anderen beiden platzieren. Dies ist deine Schnittdatei für den Stoff. Die anderen zwei Linien benötigst du zum schneiden deiner Flexfolie.

Nach diesem Prinzip kannst du auch komplexere Formen applizieren, wie zum Beispiel Buchstaben.

Probier es gleich aus und zaubere etwas Einzigartiges!

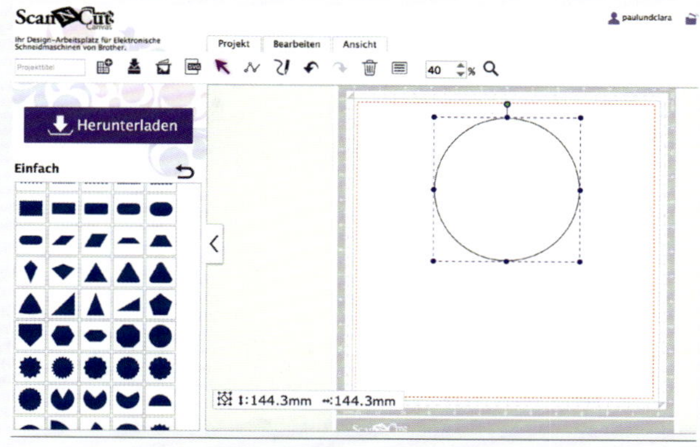

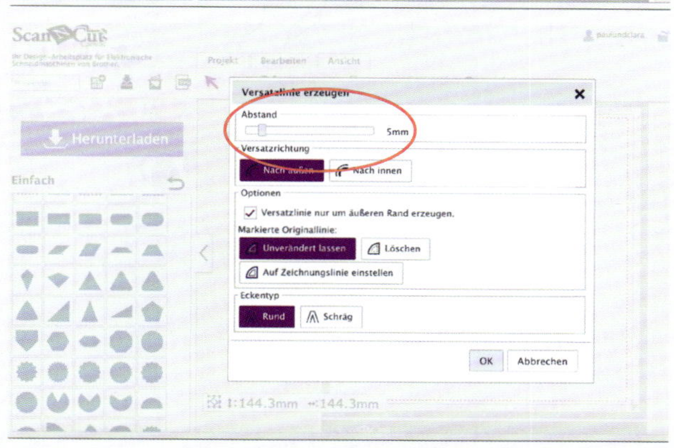

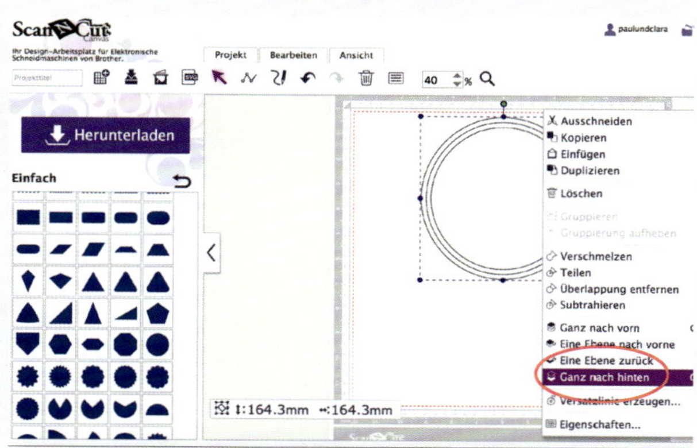

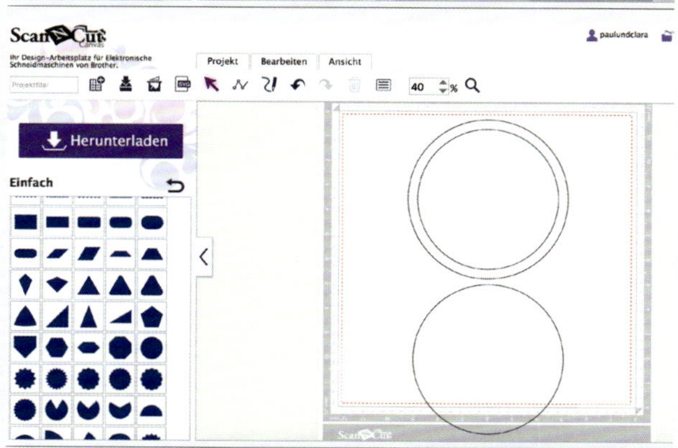

Mehrfarbig plotten

3 VARIANTEN UND WIE SIE FUNKTIONIEREN

Mehrfarbig? Daran trauen sich die meisten nicht, aus Angst, dass es zu kompliziert ist. Aber glaubt mir, es ist gar nicht so schwierig!

Es gibt 3 Varianten, um mehrfarbig zu plotten. Zu jeder Variante habe ich euch eine Datei vorbereitet und zeige Schritt für Schritt, wie sie geplottet wird.

Wichtig!

- Halte dich immer an die vorgegebene Reihenfolge.
- Presse so kurz wie möglich! Sonst wird die unterste Folie am Ende zu heiß und schmilzt eventuell.
- Lasse die Folien nach dem Pressen immer kurz abkühlen, bevor die nächste Farbe kommt.
- Presse ganz am Ende noch mal nur mit Backpapier. Hierbei verschwinden auch Abdrücke von den Schichten auf dem Plott, die vielleicht entstanden sind.

KONTUREN MIT FARBE HINTERLEGT

Bei dieser Variante hinterlegt man eine Kontur einfach mit farbigen Flächen. Dadurch entsteht ein ganz besonderer Look, der absichtlich nicht perfekt aussieht. Und genau das macht den Charme aus. Ich finde, es hat etwas handgezeichnetes, weniger starres.

Diese Variante ist besonders für Anfänger geeignet, da sie kleine Fehler und Ungenauigkeiten verzeiht.

Einzig die Positionierung der Farbflächen ist etwas anspruchsvoller. Ich verrate euch aber meine Tricks.

FARBFLÄCHEN MIT AUSSPARUNGEN

Für diese Technik benötigt man etwas abstraktes Denken, da man einen Hintergrund als unterste Schicht aufpresst, der in den folgenden Ebenen durch Aussparungen wieder durchscheint.

Diese Variante hat den Vorteil, dass besonders filigrane Teile wie Nase und Sommersprossen nicht als kleine Elemente, sondern als Aussparung geplottet werden, wodurch sie beim Entgittern nicht verloren gehen können.

Man muss einzig darauf achten, dass man sehr genau positioniert und nicht zu lange presst, um ein Schrumpfen der Folien zu verhindern.

PLOTT OHNE KONTUREN

Die einfachste Variante ist ein mehrfarbiger Plott ohne Konturen. Hier werden nur farbige Flächen aufeinandergepresst.

Diese Technik funktioniert nur bei simplen Vorlagen, da filigrane Einzelteile nicht so gut dargestellt werden können. Auch bei der Positionierung muss man hier etwas aufpassen und am besten die Vorschau bereitlegen.

MEHRFARBIG PLOTTEN

Konturen mit Farbe hinterlegt

DIESE VARIANTE IST MEIN LIEBLING, WEIL ICH DEN LOOK TOLL FINDE, WIE DIE FLÄCHEN UNTER DEN KONTUREN GEFÜLLT WERDEN UND MAL GRÖSSER, MAL KLEINER SIND. SO WIRKT DER PLOTT LEBENDIGER.

Mehrfarbig: Variante 1

SCHRITT 1

DATEI VORBEREITEN

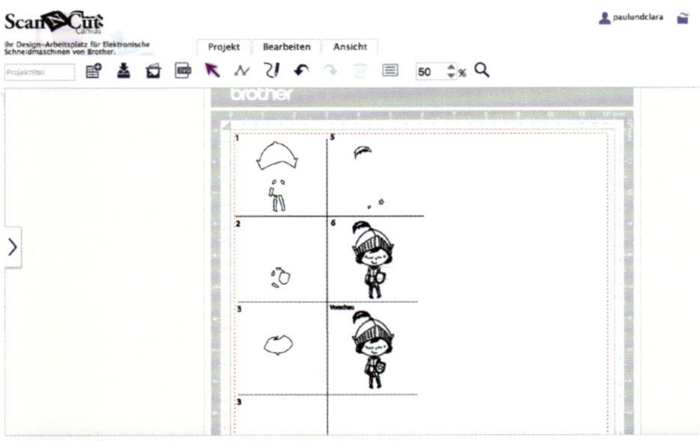

Öffne die Datei „puc_plott_ritter“ in deiner Software.

Alle meine mehrfarbigen Dateien sind in Schritte aufgeteilt. So musst du die Datei nicht selbst zerlegen, was oft sehr aufwendig und zeitraubend ist.

Als letzten Schritt siehst du immer die Vorschau der endgültigen Datei. Das hilft dir besonders später beim Pressen, um die Elemente richtig anzuordnen.

Markiere alle Elemente, indem du eine Auswahl um sie ziehst. Danach gruppierst du noch alles, mit rechter Maustaste – „Gruppieren“.

Skaliere nun deine Vorlage und achte dabei auf das Vorschaubild, hieran kannst du die endgültige Größe abschätzen. Ganz genau siehst du die endgültige Größe, wenn du die Vorschau auswählst.

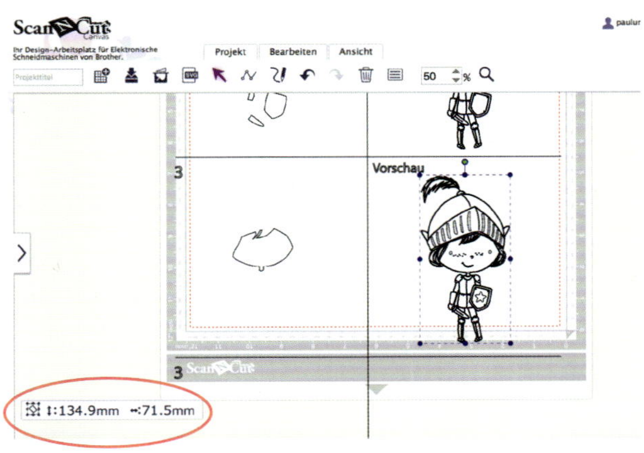

Los geht's!

SCHWIERIGKEIT

FLEX

MATERIAL

- Shirt
- Flexfolie in verschiedenen Farben
- Presse oder Bügeleisen
- Entgittertool

VORLAGE

- puc_prinzessin
- puc_ritter

Tipp

Besonders zur Geltung kommen Motive, wenn sie mit einem Offset hinterlegt werden.

So sehen die Plotts z. B. auch auf stark gemustertem Stoff wundervoll aus.

SCHRITT 2

PLOTTEN

Zufrieden? Dann teile deine Datei nun in die einzelnen Schnitte auf. Für jede Folienfarbe benötigst du eine eigene Schnittdatei. Lasse hierfür der Reihenfolge nach immer eine Farbe auf der Matte und lösche die anderen. Speichere die Schneidedatei auf deinem USB-Stick oder übertrage sie direkt per WLAN auf deinen Plotter.

Plotte auf diese Weise jeden Schritt nach und nach in deinen gewünschten Folienfarben. Wenn du dir bei den Farben unsicher bist, sieh dir das JPG an – hier siehst du die jeweiligen Farben, die ich verwendet habe.

Denke an den „Testschnitt", wenn du dir bei den Einstellungen unsicher bist oder eine neue Folie testest.

SCHRITT 3

ENTGITTERN

Wenn du alle Folien geplottet hast, geht es ans Entgittern.

Löse an einer Ecke die Folie vom Trägermaterial und ziehe sie langsam ab. Achte darauf, dass das Motiv beim Abziehen auf dem Träger haften bleibt.

Gerade die Kontur ist sehr filigran und enthält viele Innenflächen. Hier solltest du etwas Geduld beim Entgittern mitbringen. Und unbedingt ganz vorsichtig und mit Bedacht arbeiten, weil man schnell eine Kontur statt eine Innenfläche erwischt.

Wenn du die Schneidelinien schlecht siehst, versuche den Plott besser zu beleuchten oder fahre mit etwas Kreide über den Plott, so werden die Linien besser sichtbar.

Am Ende hast du deine Schichten vorbereitet und kannst alles zum Pressen bereitlegen.

SCHRITT 4

PRESSEN

Ich habe für diesen Plott noch einen Hintergrund vorbereitet, den ich als Erstes aufpresse. Das ist besonders zu empfehlen, wenn der Stoff sehr unruhig gemustert ist und der Plott sonst untergehen würde. Ich zeige dir auf der nächsten Seite, wie das funktioniert.

Nach dem Hintergrund presst du die Elemente in der Reihenfolge auf, wie es in der Datei vorgegeben ist.

Da die Kontur als Letztes kommt, ist die Position der Elemente natürlich schwer abzuschätzen. Daher klebe ich die nächste Farbschicht immer unter die Kontur und dann auf den Stoff. Danach kannst du die Kontur wieder abziehen und die nächste Schicht sitzt perfekt.

So kannst du dich nun Schicht für Schicht vorarbeiten.

Als Letztes wird die Kontur gepresst. Und schon ist dein mehrfarbiger Plott fertig.

Bei dieser Technik ist es ein gewünschter Nebeneffekt, dass manche Flächen nicht exakt unter der Kontur sitzen, sondern auch mal rausblitzen und die Fläche nicht ganz füllen. Ich finde, das gibt dem Plott einen ganz besonderen Look, der wie handgezeichnet aussieht.

STEP BY STEP

Offset erstellen

Besonders für unruhige Stoffe und bei filigranen Motiven ist ein Offset als Hintergrund zu deinem Plott eine tolle Lösung. Du erstellst hierbei eine Umrandung von deinem Motiv, die ein klein wenig größer als dieses ist.

Hierfür nutzt du einfach dein gewünschtes Element und wählst es mit dem Auswahlwerkzeug aus. Wenn du mehere Elemente auswählst, weil z. B. ein zweites Element über die Grundform ragt, wie beim Bär die Krone, kannst du beide Elemente auswählen und vorab verschweißen. So dass du nur noch ein Element hast.

Als Nächstes wählst du rechte Maustaste – „Versatzlinie erzeugen..." aus. Jetzt kannst du mit den verschiedenen Einstellungen bestimmen wie groß dein Offset werden soll – Abstand – und auch ob die ursprüngliche Kontur erhalten bleiben soll – Optionen.

Belasse in diesem Fall die innere Form, da du sie später noch brauchst und erstelle das Offset. Ordne nun das Offset auf den Ebenen ganz unten an mit rechte Maustaste – „ganz nach hinten".

Jetzt kannst du dir das Offset noch einfärben und anschließend einfach als weiteren Schritt in deiner gewünschten Farbe plotten.

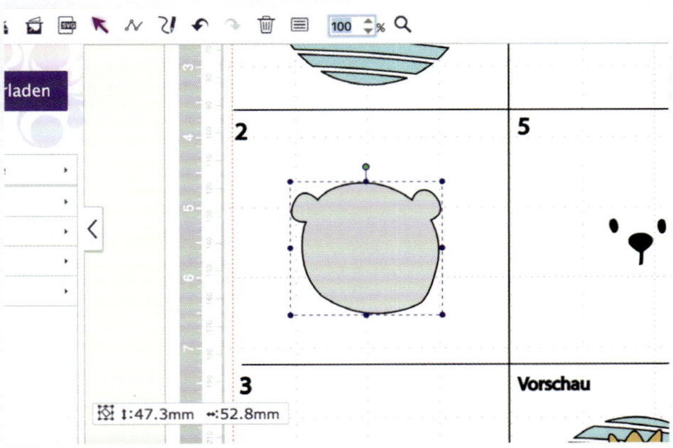

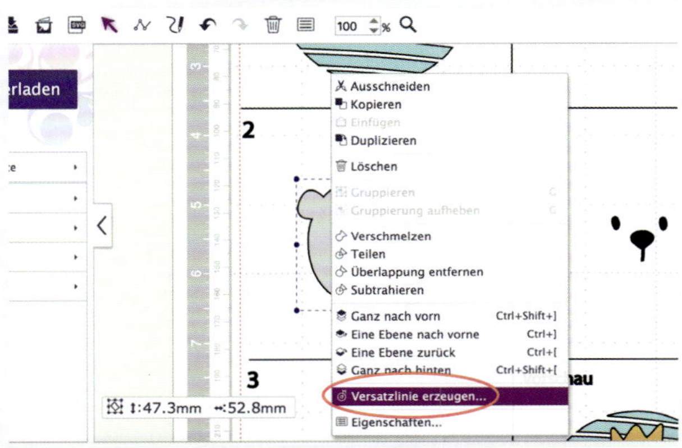

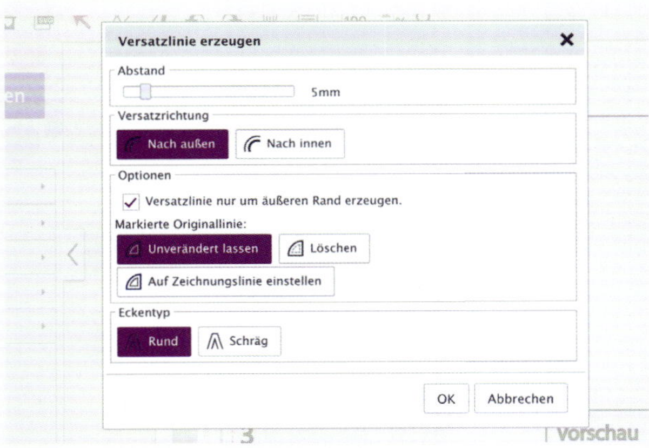

Besonders komplexe Formen mit offenen Kanten oder gekreuzten Linien, kann Canvas leider nicht verarbeiten. Diese musst du in einer anderen Grafiksoftware, wie Inkscape, vorab bearbeiten und dein Offset dann als SVG importieren.

MEHRFARBIG PLOTTEN

Farbflächen mit Aussparungen

DURCH DIE AUSSPARUNGEN SCHAUT DER HINTERGRUND IN DEN FOLGENDEN SCHICHTEN IMMER DURCH. DADURCH WIRD ES MÖGLICH, BESONDERS FILIGRAN ZU PLOTTEN.

Mehrfarbig: Variante 2

SCHRITT 1

DATEI VORBEREITEN

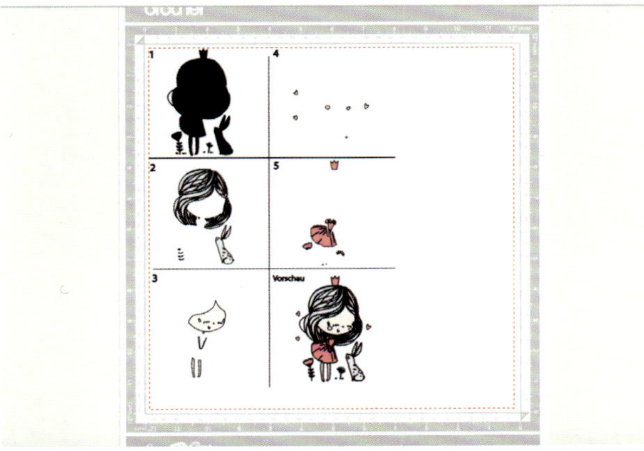

Öffne die Datei „puc_plott_prinzessin2“ in deiner Software.

Auch diese Datei ist, wie all meine mehrfarbigen Dateien, in Schritte aufgeteilt. Als letzten Schritt siehst du immer die Vorschau der endgültigen Datei. Das hilft dir besonders später beim Pressen, um die Elemente richtig anzuordnen.

Markiere alle Elemente mit „A“ und gruppiere danach alles mit „G“ oder rechte Maustaste – „Gruppieren“.

Skaliere nun alle Elemente und achte dabei auf das Vorschaubild, hieran kannst du die endgültige Größe abschätzen. Ganz genau siehst du die endgültige Größe, wenn du die Vorschau einzeln auswählst und gruppierst.

SCHRITT 2

PLOTTEN

Wenn du die Datei fertig vorbereitet hast, kannst du sie nun wieder aufteilen. Für jede Folienfarbe benötigst du eine eigene Schnittdatei. Lasse hierfür, der Reihenfolge nach, immer eine Farbe auf der Matte und lösche die anderen. Speichere die Schneidedatei auf deinem USB-Stick oder übertrage sie direkt per WLAN auf deinen Plotter.

Plotte auf diese Weise jeden Schritt nach und nach in deinen gewünschten Folienfarben. Wenn du dir bei den Farben unsicher bist, sieh dir das JPG an – hier siehst du die jeweiligen Farben, die ich verwendet habe.

Denke an den Testschnitt, wenn du dir bei den Einstellungen unsicher bist oder eine neue Folie testest.

Los geht's!

SCHWIERIGKEIT ★★★★☆

FLEX

MATERIAL

- Shirt
- Flexfolie in verschiedenen Farben
- Presse oder Bügeleisen
- Entgittertool

VORLAGE

- puc_prinzessin2

Tipp

Sei beim Entgittern besonders vorsichtig, kleine Teile lösen sich gerne ab, statt haften zu bleiben.

Halte sie mit einem Haken oder einer Pinzette beim abziehen fest.

SCHRITT 3

ENTGITTERN

Wenn du alle Folien geplottet hast, geht es ans Entgittern.

Gerade die Haare des Mädchens sind sehr filigran und bestehen aus vielen kleinen Flächen. Hier solltest du etwas Geduld beim Entgittern mitbringen. Und unbedingt ganz vorsichtig und mit Bedacht arbeiten, weil man sonst schnell ein Teilchen verliert.

SCHRITT 4

PRESSEN

Bei dieser Variante wird zuerst eine schwarze Fläche aufgepresst. Die folgenden Schichten haben Aussparungen, durch welche die Fläche durchscheint. So ergeben sich z. B. die Augen.

Dadurch können besonders filigrane Details wie Sommersprossen auch bei kleineren Plotts gut dargestellt werden. Da es egal ist, wenn sie beim plotten schon verloren gehen, da sie eh nur ausgeschnitten werden und danach beim Entgittern wegfallen.

Arbeite dich nun Schicht für Schicht vor.

Es ist besonders wichtig, dass die Flächen sehr exakt platziert und so kurz wie möglich gepresst werden, sodass die Folie nicht zu heiß wird oder schrumpft.

1

2

3

4

FERTIG

MEHRFARBIG PLOTTEN

Ohne Konturen

OHNE KONTUREN LASSEN SICH SEHR SCHÖNE MOTIVE UMSETZEN, DIE BESONDERS DEZENT WIRKEN. DIESE VARIANTE FUNKTIONIERT AM BESTEN BEI RECHT SIMPLEN ZEICHNUNGEN.

Mehrfarbig: Variante 3

SCHRITT 1
DATEI VORBEREITEN

Öffne die Datei „puc_baer_prinzessin" in deiner Software.

Auch diese Datei ist, wie all meine mehrfarbigen Dateien, in Schritte aufgeteilt. Als letzten Schritt siehst du immer die Vorschau der endgültigen Datei. Das hilft dir besonders später beim Pressen, um die Elemente richtig anzuordnen.

Markiere alle Elemente und gruppiere danach alles, mit rechte Maustaste – „Gruppieren".

Skaliere nun alle Elemente und achte dabei auf das Vorschaubild, hieran kannst du die endgültige Größe abschätzen. Ganz genau siehst du die endgültige Größe, wenn du die Vorschau einzeln auswählst und gruppierst.

SCHRITT 2
PLOTTEN

Zufrieden? Dann bereite dir wieder deine einzelnen Schritte als Dateien vor und plotte nun nacheinander die Elemente in deiner gewünschten Farbe.

Denke an den Testschnitt, wenn du dir bei den Einstellungen unsicher bist oder eine neue Folie testest.

Los geht's!

SCHWIERIGKEIT **FLEX**

MATERIAL

- Shirt
- Flexfolie in verschiedenen Farben
- Presse oder Bügeleisen
- Entgittertool

VORLAGE

- puc_baer_prinzessin
- puc_baer_prinz

SCHRITT 3

ENTGITTERN

Wenn du alle Folien geplottet hast, geht es ans Entgittern.

Das geht bei diesem Motiv ganz flott, nur beim Gesicht musst du etwas aufpassen, da gerade die Augen gerne hängen bleiben. Halte sie einfach beim Abziehen der Folie mit einem Werkzeug fest.

Ich lege mir im Anschluss immer gerne alle Folien aufeinander, so sehe ich ob alles zusammenpasst.

SCHRITT 4

PRESSEN

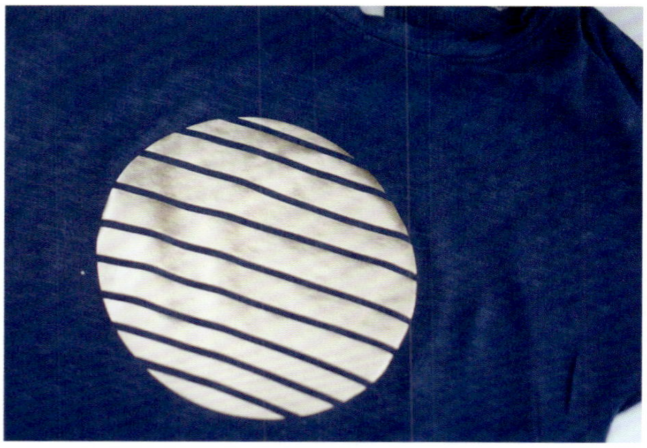

Presse nun einfach Schritt für Schritt die Folien auf.

Lege dir beim Platzieren am besten die Vorschau daneben, damit du die Position der Elemente besser abschätzen kannst.

Besonders beim Gesicht solltest du auf die Position achten. Die Bäckchen können anhand der Kopfform gut platziert werden.

STEP BY STEP

Vinyl!

WAS IST DAS EIGENTLICH?

Vinyl ist eine selbsthaftende Folie, die keine Hitze benötigt. Sie wird einfach auf die Oberfläche geklebt und bildet nach ein paar Stunden ihre volle Haftung aus.

Du kannst Vinyl auf allen glatten, fettfreien Oberflächen verwenden – Fenster, Tassen, Gläser, Tische, Autolack, Metall, lackiertes Holz …

Nach dem Plotten benötigst du eine Übertragungsfolie – eine klebende Folie ähnlich wie Tesafilm. Du klebst diese Folie auf deinen entgitterten Plott, streichst sie an und ziehst sie dann ab. Dein Plott bleibt auf der Folie haften und du kannst ihn anschließend auf deine gewünschte Fläche übertragen. Hierfür klebst du die Folie auf die Oberfläche und streichst fest mit einem Rakel über deinen Plott. Danach ziehst du die Übertragungsfolie wieder ab und dein Plott bleibt auf der Oberfläche haften.

Vinyl gibt es in sehr vielen Farben und auch in tollen Metallic-Varianten. Die Oberfläche ist immer glatt. Es gibt jedoch matte und glänzende Folien, stark haftende und wieder ablösbare.

Das einfachste Erkennungszeichen für Vinyl ist das weiße Trägermaterial, oft mit blauem Karomuster. Wenn du ein kleines Stück Folie abziehst, merkst du auch schnell den Unterschied zu Thermotransferfolie, da sich Vinyl wie ein Aufkleber verhält.

5 Hacks

1. Vinyl muss im Gegensatz zu Thermotransferfolie nicht gespiegelt werden.

2. Reinige die Oberfläche immer gründlich mit Glasreiniger, um sie von Fett zu befreien.

3. Entgittere doch mal umgekehrt. Klebe die Übertragungsfolie fest auf die noch nicht entgitterte Folie und ziehe die Folie dann langsam ab.

4. Du kannst Übertragungsfolie mehrfach benutzen. Solange sie noch gut genug haftet, ist das kein Problem.

5. Es gibt Vinylfolien für jeden Einsatzzweck. Inddor, Outdoor und auch unterschiedlichste Haltbarkeiten. Achte bei der Auswahl auf deine Bedürfnisse.

Übungsdateien

DU FINDEST ALLE DATEIEN DIE IN DIESEM BUCH VERWENDET WERDEN HIER:

paulundclara.com/plotter1x1

Passwort: puc_plotter

Einfarbig plotten

NACHTLICHT VERSCHÖNERN

ZAUBERE DIESES SÜSSE NACHTLICHT UND VERSCHÖNERE IM HANDUMDREHEN DAS KINDERZIMMER. MIT DIESEM PROJEKT LERNST DU SPIELEND DIE ERSTEN SCHRITTE MIT VINYL UND KANNST DICH DANACH AN KOMPLEXERE PROJEKTE WAGEN.

Das perfekte erste Vinylprojekt!

SCHRITT 1
DATEI VORBEREITEN

Öffne die Datei „puc_sleepyeyes" in deiner Software.

Markiere alle Elemente und gruppiere danach alles, mit „G" oder rechte Maustaste – „Gruppieren".

Nun misst du aus, wie groß die Augen für deine Lampe werden müssen. Auf diese Größe skalierst du die Augen. Die aktuellen Maße siehst du immer unten eingeblendet. Wenn dir das Finden der richtigen Größe mit der Maus zu ungenau ist, kannst du auch die genauen Maße im Eigenschaften-Fenster eingeben.

SCHRITT 2
SCHNEIDEN

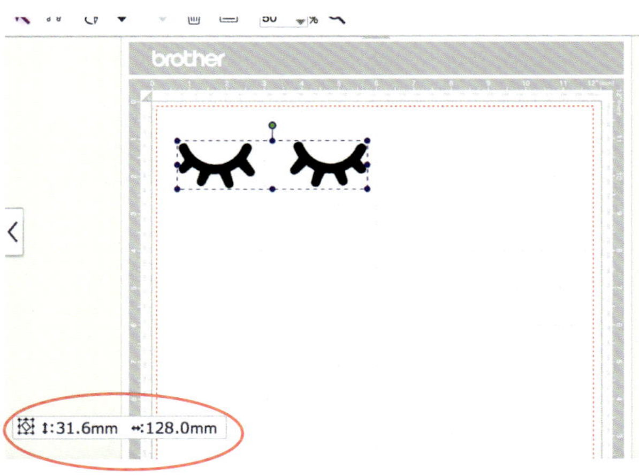

Zufrieden? Dann sende die Datei an deinen Plotter. Wähle als Nächstes eine passende Vinylfolie und klebe sie auf die Schneidematte – die farbige Seite nach oben. Anschließend lädst du die Schneidematte.

Los geht's!

SCHWIERIGKEIT ★☆☆☆☆

VINYL

MATERIAL

- Kleines LED-Licht z.B. Mini-Stern von 8 Seasons Design
- Vinylfolie
- Übertragungsfolie
- Entgittertool

VORLAGE

- puc_sleepy eyes

Tipp

Reinige die Flächen vorab immer gründlich von Fett, sonst kann die Folie nicht haften.

Stelle dein Messer auf den vorgegebenen Wert für Vinylfolie ein. Achte darauf, dass jeder Hersteller einen anderen Wert empfiehlt und auch jedes Messer unterschiedlich schneiden kann.

Daher ist es immer ratsam, die Einstellung bei jeder unbekannten Folie oder einem neuen Messer vorab zu testen und dich an den Herstellerangaben zu orientieren.

Dein Plotter schneidet beim Testschnitt, je nach deinen Wünschen, z. B. ein kleines Dreieck, aus. Entlade deine Schneidematte und versuche das Dreieck zu entgittern. Lässt es sich ohne Probleme abziehen, sind die Einstellungen perfekt. Achte aber auch darauf, das der Plotter nicht zu tief geschnitten hat, also dass das Trägermaterial nicht mitgeschnitten wurde.

Jetzt kannst du den Auftrag an deinen Plotter senden.

SCHRITT 3

ENTGITTERN

Entlade die Schneidematte und löse vorsichtig die Folie von der Matte. Jetzt kannst du das Motiv grob mit der Schere ausschneiden, sodass du ein kleines Rechteck erhältst. Diesen Rahmen kannst du auch gleich mitplotten lassen. Lege hierfür einfach vorab ein Rechteck um deinen Plott. So kannst du Folie sparen und erleichterst dir das Entgittern.

Das Entgittern bei dieser Vorlage geht ganz flott. Löse hierfür an einer Ecke die Folie vom Trägermaterial und ziehe sie langsam ab. Achte darauf, dass das Motiv beim Abziehen auf dem Träger haften bleibt.

SCHRITT 4

ÜBERTRAGEN

Als Nächstes übertragen wir das Motiv. Hierfür benötigst du ein kleines Stück Übertragungsfolie, das mindestens die Größe deines Motivs hat. Löse mit ihr den Plott vom Träger und klebe die Folien auf das Nachtlicht.

Drücke die Folie fest auf den Stern und streiche kurz mit einem Rakel oder einer Bankkarte darüber.

Löse nun die Folie vorsichtig ab. Bleiben die Augen noch nicht richtig haften, wiederhole einfach das Feststreifen noch einmal.

FERTIG!

Das wars schon! Gar nicht so schwer, oder? Das Motiv ist übrigens ein echter Allrounder, egal ob auf Kissen, Shirts oder als Wandtattoo.

Nicht wegwerfen!

Nutze die entgitterte Folie doch einfach noch als Schablone. Hierfür klebst du sie zum Beispiel auf einen Blumentopf und klebst den Rest des Topfes mit Malerkreppband ab.

Nun mit Sprühfarbe besprühen und die Farbe antrocknen lassen.

Danach vorsichtig das Klebeband und die Folie entfernen.

Fertig ist dein süßer, verschlafener Blumentopf.

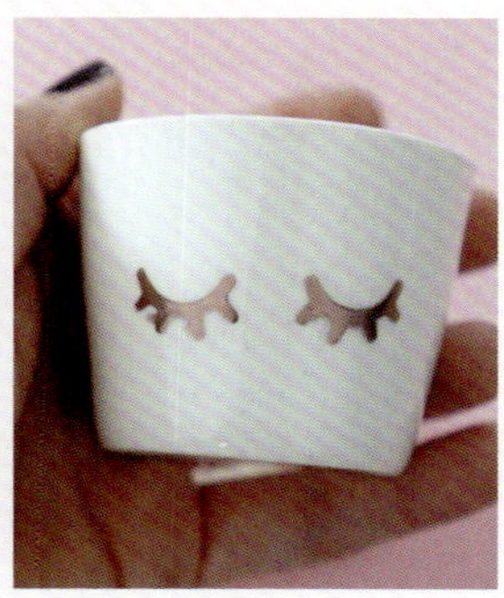

Mehrfarbig plotten

TASSEN VERSCHÖNERN

LANGEWEILE AM FRÜHSTÜCKSTISCH? JETZT GARANTIERT NICHT MEHR! GESTALTE DEINE GANZ INDIVIDUELLE LIEBLINGSTASSE.

SCHRITT 1

DATEI VORBEREITEN

Öffne die Datei „puc_tassen“ in deiner Software.

Wir plotten als Erstes die Schablonen für die Tassen. Hierfür gibt es ein spezielles Schablonenmaterial z. B. von Silhouette, dieses kannst du natürlich auch für deinen Brother nutzen. Schablonenmaterial lässt sich super verarbeiten und die Ränder sind gut versiegelt, damit keine Farbe darunter laufen kann.

Skaliere als Erstes die Schablonen auf die Höhe deiner Tassen und erstelle daraus eine Schnittdatei oder sende sie direkt zu deinem Plotter.

Los geht's!

SCHWIERIGKEIT

VINYL

MATERIAL

- Tassen
- Vinylfolie
- Übertragungsfolie
- Schablonenfolie
- Nagellack
- Entgittertool

VORLAGE

- puc_tassen

Tipp

Die meisten Vinylfolien sind nicht lebensmittelecht. Bitte platziere deshalb die Folie immer nur da, wo dein Mund sie nicht berührt.

Die Tassen sind nicht spülmaschinenfest! Auch ein Einbrennen der Folie im Ofen hilft nicht, und zudem entstehen dabei giftige Dämpfe.

Bereite anschließend noch deine Texte und Elemente vor, die du verwenden willst. Ich habe mich für diese beiden Texte entschieden und möchte sie mit Dreiecken und Kreisen ergänzen.

Erstelle auch hieraus eine Schnittdatei oder sende sie an deinen Plotter. Je nachdem ob du mit unterschiedlichen Schnitteinstellungen aufgrund deiner Materialien arbeitest, musst du die Datei evtl. noch zusätzlich aufteilen.

SCHRITT 2
PLOTTEN

Befestige das Schablonenmaterial auf der Schneidematte. Das Trägermaterial bei der Schablone ist braun. Diese Schicht wie gewohnt nach unten auf die Schneidematte kleben.

Die Dateien für Schablonen müssen nicht gespiegelt werden, da sie wie bei Vinyl übertragen werden.

Schneide nun die Schablone mit den Schnitteinstellungen für dein Schablonenmaterial. Auch hier ist ein Testschnitt sinnvoll.

Schneide anschließend die Vinylfolie. Ich habe mich für Gold für den oberen und Schwarz für den unteren Text entschieden.

SCHRITT 3
ENTGITTERN

Entgittere jetzt deine Folien. Gerade bei den Schriften musst du vorsichtig sein, da sie teilweise sehr filigran sind.

SCHRITT 4
SCHABLONE NUTZEN

Schneide dir deine Übertragungsfolien passend zurecht. Ich nutze dafür gerne eine Zackenschere, damit ist es einfacher später eine Ecke abzulösen.

Drücke hierfür die Folie auf deine Schablone und löse sie vom Trägermaterial.

Reinige deine Tasse mit Glasreiniger von Fett und lasse sie kurz trocknen.

Platziere die Schablone auf deiner Tasse und streiche sie mit einem Rakel glatt. Besonders die Kanten solltest du gut andrücken. Da die Tasse eine Rundung hat und in meinem Fall auch einen Rand, nutze ich einen kleinen Spatel, um die Folie zu befestigen.

Löse danach die Übertragungsfolie ab. Wenn die Folie nicht hält, streiche sie einfach noch einmal fest.

Male die Fläche der Schablone nun aus. Du kannst Porzellanfarbe nehmen oder etwas ähnlich geeignetes. Ich nutze Nagellack. Obwohl dieser auch haltbar ist, sollte die Tasse dann nur ganz vorsichtig gewaschen werden.

Lasse den Lack kurz antrocknen ...

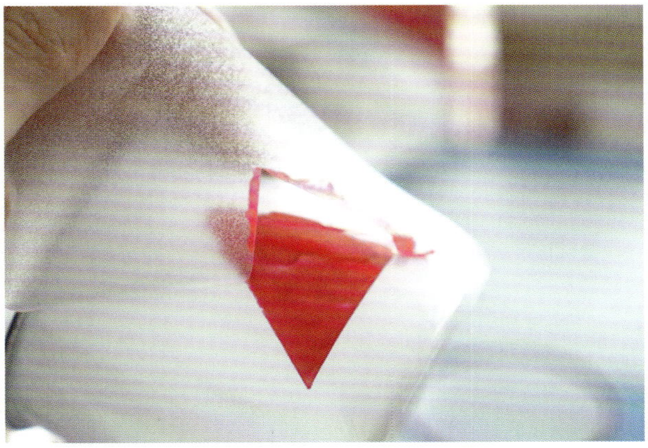

... und löse dann vorsichtig die Schablone.

SCHRITT 5

FOLIE ÜBERTRAGEN

Nimm nun deine entgitterte Folie und lege deine Übertragungsfolie und einen Rakel bereit.

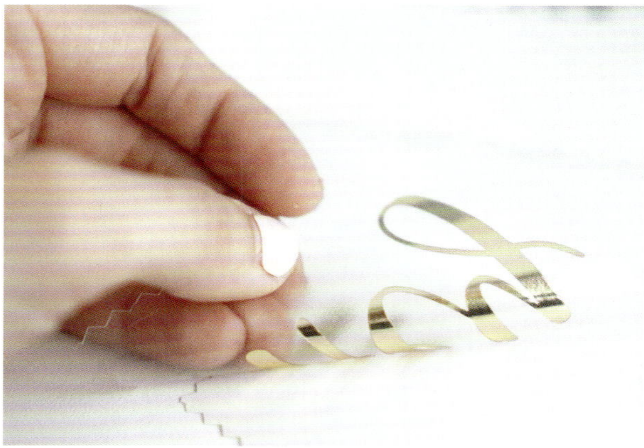

Löse die Texte mithilfe der Übertragungsfolie vom Trägermaterial ...

... und platziere die Folien auf der Tasse. Streiche sie gut mit dem Rakel fest.

Löse die Übertragungsfolie vorsichtig ab und achte darauf, dass die Vinylfolie auf der Tasse haften bleibt.

Sammle die kleinen Elemente mit einem Stück Übertragungsfolie. Du kannst sie so auch gleich richtig anordnen, wie du sie auf die Tasse übertragen möchtest.

Platziere nun die kleinen Elemente auf der Tasse und streiche sie fest.

Fertig ist deine persönliche Tasse!

Gestalte dir deine eigenen Tassen und mache aus jeder etwas ganz Besonderes.

Filigrane Schablone

KISSEN AUFPIMPEN

SCHABLONEN KANNST DU MIT DIESEM EINFACHEN TRICK SOGAR MIT INNENTEILEN ÜBERTRAGEN.

SCHRITT 1

DATEI VORBEREITEN

Öffne die Datei „puc_kissen“ in deiner Software.

Lösche den Spruch, den du nicht verwenden willst aus der Datei und skaliere den Anderen auf die gewünschte Größe. Danach spiegelst du den Spruch noch.

Lade die Schnittdatei jetzt herunter und übertrage sie auf deinen Plotter.

Los geht's!

SCHWIERIGKEIT ★★★☆☆

VINYL ○

MATERIAL

- Kissenhülle
- Freezer Paper
- Übertragungsfolie
- Stoffmalfarbe
- Schwamm oder Pinsel
- Bügeleisen
- Backpapier
- Stoffmalfarbe

VORLAGE

- puc_kissen

Tipp

Durch die Übertragungsfolie bleiben auch Innenteile an ihrem Platz und können mit aufgebügelt werden.

SCHRITT 2

SCHNEIDEN

Bereite nun deine Schneidematte vor. Dafür klebst du zuerst eine Schicht Übertragungsfolie auf deine Matte – die klebende Seite nach oben. Ziehe danach die Schutzschicht ab und klebe darauf das Freezer Paper – die Folienseite nach oben.

Lege nun deine Matte ein und mache zunächst einen Testschnitt. Als Ausgangswert solltest du dein Messer auf 0 stellen und dich langsam nach oben tasten. Das Freezer-Paper-Material ist sehr dünn und braucht deswegen ein geschicktes Händchen beim schneiden, da die Übertragungsfolie darunter nicht mitgeschnitten werden sollte.

SCHRITT 3

ENTGITTERN

Entgittere die Schrift ganz vorsichtig. Achte darauf, nur die Freezer-Paper-Schicht abzuziehen. Ist die Übertragunsfolie mitgeschnitten worden, musst du die Einstellungen noch weiter runter setzen.

Ziehe anschließend die Folien von der Schneidematte.

SCHRITT 4

SCHABLONE AUFBÜGELN

Schneide die Schablone etwas zurecht und platziere sie auf der Kissenhülle. Lass aber genügend Rand stehen. Decke sie anschließend mit Backpapier ab und bügele nicht zu heiß, mit leichtem Druck über die Schablone.

Löse als Nächstes vorsichtig die Übertragungsfolie ab. Das Freezer Paper sollte gut auf der Kissenhülle haften bleiben. Ansonsten kannst du noch mal bügeln.

SCHRITT 5

STOFFFARBE

Lege deine Stofffarbe und ein Schwämmchen zurecht und schiebe einen Karton oder ein Brett unter die obere Stoffschicht, damit die Farbe nicht durchsickern kann.

Tupfe die Farbe über die Schrift, lasse sie kurz antrocknen und wiederhole den Vorgang bis die Farbe gut deckt.

Nachdem die Farbe angetrocknet ist, kannst du die Schablone vorsichtig abziehen und die Farbe entsprechend den Herstellerangaben weiterbehandeln.

Fertig ist deine Kissenhülle!

Wandtattoo

FÜR DAS PERFEKTE KINDERZIMMER

EINFACH SCHÖNE WANDTATTOOS SELBST ZAUBERN? GAR KEIN PROBLEM! ICH ZEIG DIR, WIE ES GEHT!

SCHRITT 1

DATEI VORBEREITEN

Öffne die Datei „puc_wandtattoo“ in deiner Software.

Wähle die Datei aus, die du gerne plotten möchtest. Ich habe mich für den Mond mit den Sternen entschieden. Ich möchte ihn so groß wie möglich plotten, daher nutze ich die komplette Schneidematte aus.

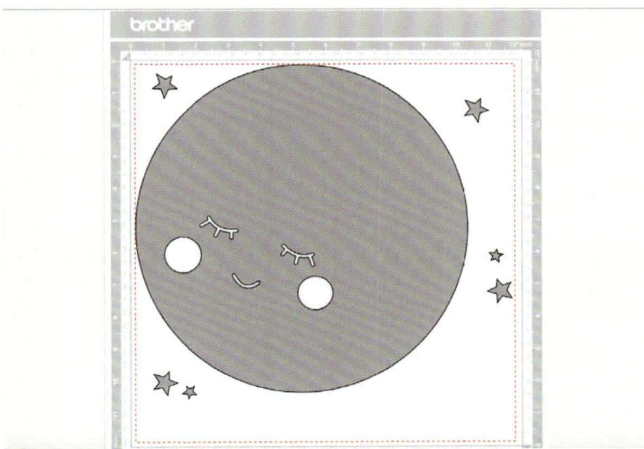

Übertrage anschließend die Datei an deinen Plotter.

SCHRITT 2

SCHNEIDEN

Wähle die passenden Messer-Einstellungen für Vinyl und lade deine Schneidematte mit deiner gewünschten Vinylfolie. Ich entscheide mich für eine weiße Folie, aber auch Nachtleuchtende Folie sieht richtig toll aus bei dieser Vorlage.

Vergiss nicht deine Einstellungen mit einem Testschnitt zu testen, wenn du noch keine Erfahrungen mit deinem gewünschten Material hast. Zufrieden? Dann starte den Schneidejob.

Los geht's!

SCHWIERIGKEIT 2/5

VINYL

MATERIAL

- Vinylfolie
- Übertragungsfolie
- Rakel

VORLAGE

- puc_wandtattoo

Tipp

Am besten hält die Folie auf einer glatten Wand. Raufasertapete oder andere Strukturen zeichnen sich durch die Folie ab und schränken auch die Haltbarkeit ein.

SCHRITT 3

ENTGITTERN

Entgittere dein Motiv, indem du zuerst die äußere Folie und dann die Innenteile vorsichtig entfernst.

SCHRITT 4

ÜBERTRAGEN

Schneide ein passendes Stück Übertragungsfolie zu und löse das erste Stück vom Träger.

Klebe die Übertragungsfolie auf das obere Ende deiner Folie und ziehe langsam das Trägermaterial nach unten weg. Streiche dabei immer von oben nach unten. So verhinderst du Bläschen und Unebenheiten.

Streiche die Folie fest an und löse sie dann vorsichtig vom Trägermaterial.

Klebe die Folie nun mit einer Ecke auf deine Wand und streiche mit einem Rakel von innen nach außen die Folie fest.

Streiche abschließend noch einmal über dein Motiv, um alle Luftblasen zu entfernen. Ist eine Luftblase hartnäckig, kannst du sie mit einer Nadel anstechen und dann glattstreichen.

Ist dein Motiv nicht gerade oder du willst es anders platzieren, hast du noch Zeit, es etwas zu korrigieren. Die volle Klebekraft entwickeln die meisten Folien erst nach ein paar Stunden.

Wolkenwand!

Du kannst die Wolken aus der Datei auch als Schablone nutzen, um damit viele kleine Wolken auf die Wand zu malen. Verwende hierfür Karton oder Schablonenfolie.

Entferne einfach das Gesicht aus der Datei, da du nur die Kontur benötigst.

Du kannst auch verschiedene Größen kombinieren – das sieht super aus!

Probiere es aus!

Papier!

EIN VIELFÄLTIGER ALLROUNDER

Plotter lieben Papier und eignen sich perfekt, um die schönsten Dinge daraus zu zaubern. Von tollen Fensterbildern bis hin zu den hübschesten Schachteln. Mit einem Plotter kannst du wirklich unendlich viele Projekte mit Papier verwirklichen.

Es gibt Transparentpapiere, wunderschöne Designpapiere mit den tollsten Mustern und Kartons in allen Farben des Regenbogens. Oder bedrucke dir dein Papier einfach selbst mit deinen Wunschmotiven und schneide sie dank deinem Scanner passgenau aus.

Oder schneide dir einfach aus Karton eine Schablone zur Wandgestaltung oder für Textilfarbe.

Es gibt wirklich viele schöne Projekte, die du mit Papier verwirklichen kannst. Lass deiner Kreativität einfach freien Lauf.

5 Hacks

1. Nutze eine Schneidematte mit geringerer Klebekraft. So verhinderst du, dass das Papier an der Matte kleben bleibt. Besonders Kopierpapier lässt sich kaum wieder von einer neuen Schneidematte mit voller Klebekraft ablösen.

2. Du kannst Papier auch nur anritzen, statt zu schneiden, um es dann besser falten zu können.

3. Nutze zum schneiden von Papier am besten eine Schneidematte und ein Messer, dass du ausschließlich für Papier verwendest.

4. Löse Papierreste oder filigrane Teile mit einem Spatel von der Schneidematte.

5. Es ist normal, dass dein Messer bei Papier leicht in die Schneidematte schneidet. Achte aber darauf, dass sie nicht beschädigt wird.

Übungsdateien

DU FINDEST ALLE DATEIEN DIE IN DIESEM BUCH VERWENDET WERDEN HIER:

paulundclara.com/plotter1x1

Passwort: puc_plotter

Schablonen schneiden

OSTERHASI-TÜTEN FÜR GESCHENKE

DU SUCHST ETWAS ABWECHSLUNG IM OSTERNEST? DANN SIND DIESE TÜTEN DAS PERFEKTE EIERVERSTECK UND DAZU NOCH SUPEREINFACH UND SCHNELL GEBASTELT!

SCHRITT 1
DATEI VORBEREITEN

Öffne die Datei „puc_osterhase“ in deiner Software.

Wähle alle Elemente mit „A“ aus und gruppiere am besten noch alles, damit nichts verrutschen kann mit „G“ oder rechte Maustaste – „Gruppieren“.

Skaliere dann das Gesicht auf die richtige Größe für deine Tüte. Es sollte rechts und links ein Rand bleiben.

Übertrage jetzt die Datei auf deinen Plotter.

SCHRITT 2
MATERIAL VORBEREITEN

Lege zuerst dein Material zurecht, damit du gleich alles griffbereit hast.

Los geht's!

SCHWIERIGKEIT

★★★☆☆

PAPIER

MATERIAL

- Papiertüten mit Boden
- Karton ca. A4
- Acrylfarbe oder etwas ähnlich Deckendes
- Farbschwämmchen
- Geschenkband
- Schere

VORLAGE

- puc_osterhase

Tipp

Schwämmchen erleichtern dir das Aufbringen der Farbe ungemein. So verhinderst du auch, dass Farbe unter die Schablone läuft.

Bereite nun deine Tüten vor. Zeichne im oberen Drittel Hasenohren mit einem Stift vor. Hier darfst du dich gerne austoben und deinem Hasen ganz individuelle Ohren verpassen. Wichtig ist nur, dass die Außenkanten auf einer Höhe mit der Mitte sind. Ansonsten reißt die Tüte eventuell später beim Zubinden etwas ein.

Schneide anschließend die Ohren aus. Das muss nicht allzu genau und akkurat sein. Durch das Zubinden wird später ohnehin alles ein bisschen zerknüllt.

SCHRITT 3

PLOTTEN

Für die Schablone eignet sich am besten ein Stück Karton, da dieser mehrfach genutzt werden kann und nicht durchweicht oder sich wellt.

Nutze deine weniger klebende Schneidematte, damit der Karton sich später auch wieder leichter ablösen lässt.

Stelle dein Messer auf die richtige Länge für deinen Karton. Je nach Dicke deines Materials, kannst du auch den Druck erhöhen, wenn du sonst kein gutes Schneideergebnis erhältst. Prüfe deine Einstellungen vorab, wie immer, mit einem Testschnitt. Stimmen die Einstellungen, kannst du anfangen zu schneiden.

SCHRITT 4

ENTGITTERN

Löse den Karton vorsichtig von der Schneidematte. Dabei bleiben wahrscheinlich die meisten Innenteile bereits haften. Die Übrigen kannst du vorsichtig herauslösen.

Du kannst die Schablone noch grob ausschneiden, wenn du zuviel Rand hast. Achte aber darauf, genug Abstand zum Rand zu lassen, damit du beim Farbe auftupfen, nicht über den Rand kommen kannst.

SCHRITT 5

MALEN

Jetzt wirds bunt! Lege deine Farbe und die Schwämme bereit. Ich habe mich für Acrylfarbe in schönen Pastelltönen entschieden – perfekt passend zu Ostern.

Als Erstes malen wir die Bäckchen auf. Befestige dafür deine Schablone auf der Tüte mit Washi Tape. So kann nichts verrutschen.

Tupfe nun die Farbe vorsichtig mit dem Schwämmchen auf. Achte darauf, nicht zu fest zu drücken, damit keine Farbe unter die Schablone läuft.

Bei dieser Vorlage werden zuerst die Bäckchen gemalt und danach setzt man das Gesicht drüber. Lasse hierfür die Farbe kurz trocknen.

Jetzt legst du die Schablone so auf die Tüte, dass man die Bäckchen unter den Barthaaren durchsieht.

Tupfe dann wieder vorsichtig die zweite Farbe mit einem kleinen Schwamm auf.

Lass die Farbe kurz antrocknen und entferne danach die Schablone. Nun muss die Farbe in Ruhe trocknen.

In der Zwischenzeit kannst du noch weitere Tüten bemalen, denn die Schablone ist durch ihre Dicke haltbar genug für mehrfache Benutzung.

Als Letztes drehst du die Tüten noch um und malst dem Häschen ein Bommelschwänzchen. Hierfür kannst du entweder die Schablone einer Backe nutzen oder die Farbe freihand auftupfen.

SCHRITT 6
BASTELN

Fülle die Tüte mit deinen Überraschungen und nimm dann etwas Geschenkband.

Mit dem Band bindest du jetzt eine Schleife um jedes Ohr. Zupf das Papier danach noch etwas zurecht.

Und fertig ist deine Hasentüte!

Und wenn gerade mal nicht Ostern ist, kannst du die Tüten auch ganz einfach abwandeln. Versuch doch einfach mal eine Bärentüte.

Hierfür musst du nur den Mund größer skalieren und die Barthaare weglassen. Danach die Ohren rund, anstatt lang, ausschneiden. Fertig ist dein Bär!

Oder wie wäre es mit einer Maus?

Deiner Fantasie sind keine Grenzen gesetzt!

Vorlage Hasenohren

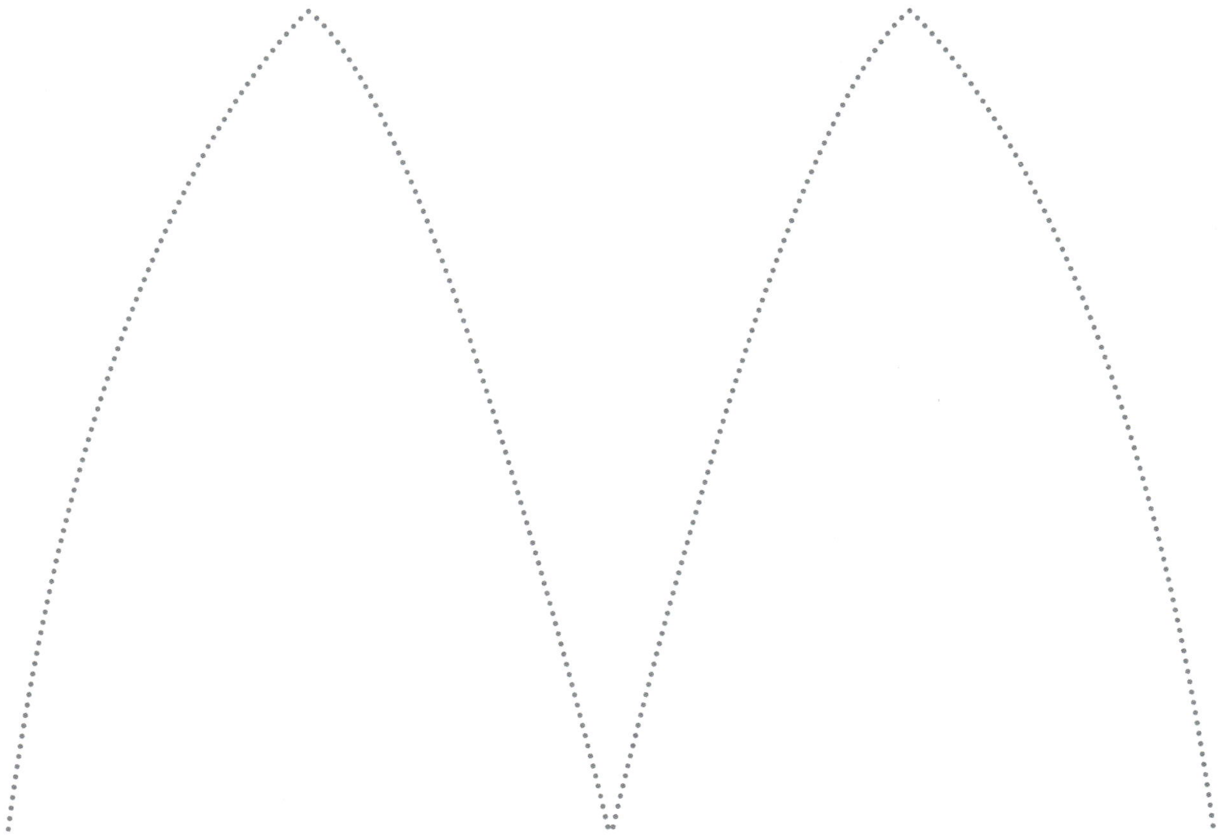

Vorlage Bärenohren

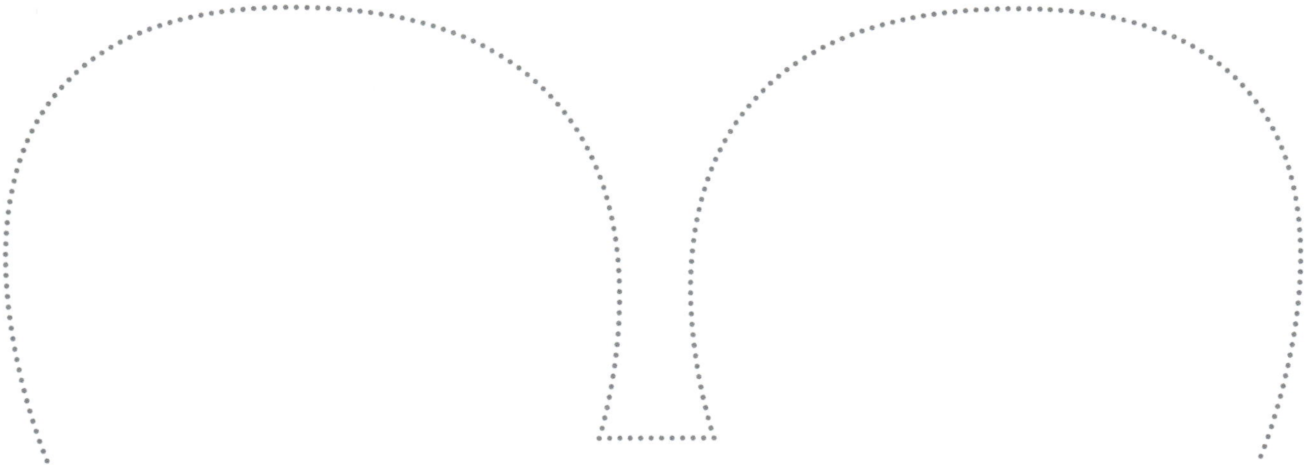

Falten

ORIGAMI FALTEN MIT DEM PLOTTER

DAS GEHT! NAJA ZUMINDEST MACHT DIR DER PLOTTER DIE FALTKUNST ZUM KINDERSPIEL.

SCHRITT 1

DATEI VORBEREITEN

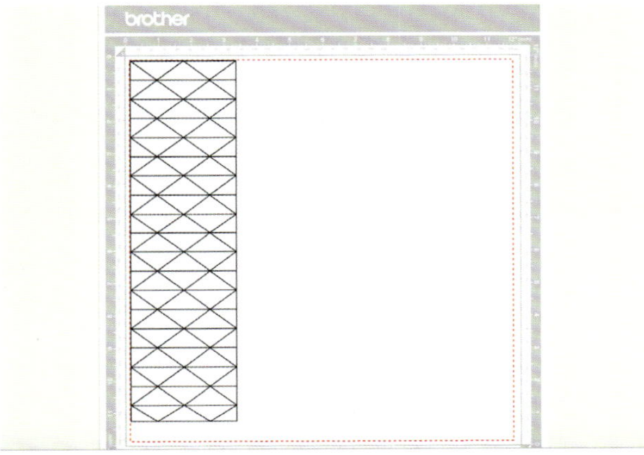

Öffne „puc_origami1“ in deiner Software.

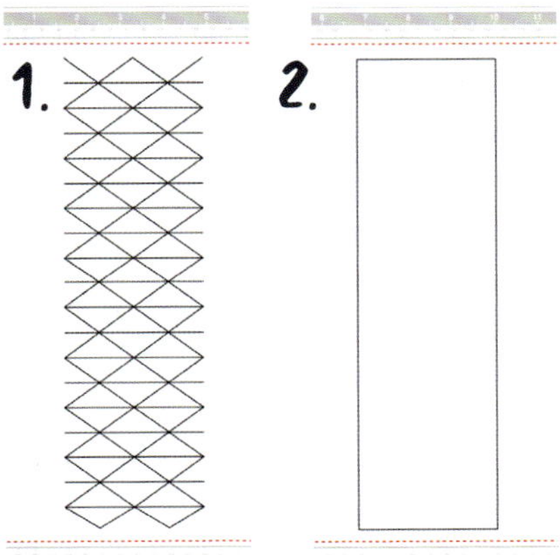

Skaliere deine Vorlage auf deine gewünschte Größe und teile sie in zwei Schnittdateien. Einmal die inneren Linien und das äußere Rechteck.

Achte darauf, dass die Position der Schnittteile gleich ist und sich nicht verschiebt.

Für eine Teelichthülle benötigst du zwei Bögen. Diese kannst du gleich schon duplizieren und auf deiner Matte positionieren.

Sende die Dateien über WLAN an deinen Plotter oder speichere sie per USB.

Los geht's!

SCHWIERIGKEIT

PAPIER

MATERIAL

- Papier in verschiedenen Farben min. A4
- Falzbein
- Klebstoff

VORLAGEN

- puc_origami1
- puc_origami2
- puc_origami3

SCHRITT 2

PLOTTEN

Stelle Messer auf 0 und klebe den Karton auf deine leicht klebende Schneidematte. Mache anschließend einen Testschnitt. Dein Karton darf nicht geschnitten, sondern nur angeritzt werden. Wird das Material trotz der niedrigsten Einstellung dennoch geschnitten, solltest du den Schneidedruck reduzieren oder lieber einen dickeren Karton verwenden. Du kannst die Linien auch nur mit einem Stift vormalen, statt zu schneiden.

Lass anschließend deine Matte geladen, damit sich die Position nicht verschiebt. Und lade deine zweite Schnittdatei.

Stelle das Messer nun so ein, dass der Karton geschnitten wird und lass ihn die Bögen mit der zweiten Schneidedatei für die Ränder ausschneiden.

SCHRITT 3

FALZEN

Löse die Streifen von der Schneidematte. Du siehst die Falzlinien auf dem Papier eingeritzt. Nimm ein Falzbein und fahre alle Linien in beide Richtungen nach.

Jetzt kannst du deine Bögen zusammenfalten. Klappe dazu einen Teil nach innen, der Rest faltet sich fast von selbst zusammen.

Fahre so mit dem kompletten Bogen fort.

Klebe jetzt immer zwei Bögen aneinander, indem du auf die letzte Lasche Kleber aufträgst …

… und die Laschen aufeinanderdrückst.

Anschließend schließt du deinen Bogen zu einem Kreis und verklebst die Laschen erneut.

Genauso gehst du mit den anderen Formen auch vor.

Stülpe deine Hülle nun einfach über ein Teelichtglas, und fertig ist deine neue Deko!

Tipp

Du kannst auch kleine Löcher an den Enden ausschneiden. Anschließend fädelst du einfach einen Faden hindurch und knotest ihn zusammen. Fertig sind deine Origami-Lichterkettenhüllen!

Papier schneiden

DIY-KARTEN BASTELN

NUR MAL DANKE SAGEN ODER EINEN NEUEN ERDENBÜRGER BEGRÜSSEN? MIT DIESEN KARTEN MACHST DU SICHER JEDEM EINE FREUDE. ICH ZEIGE DIR, WIE SCHNELL DU SIE BASTELN KANNST.

SCHRITT 1

MATERIAL VORBEREITEN

Als Erstes solltest du deine Kartenrohlinge vorbereiten. Nimm hierfür einen Bogen Karton in A4 und falte ihn mittig. So erhältst du eine A5-Klappkarte. Oder schneide den Karton in der Mitte durch, um zwei A5-Karten zu erhalten.

Such dir als Nächstes nach Lust und Laune verschiedene Papiere und Kartons aus. Plotte daraus die unterschiedlichen Vorlagen nach deinen Vorstellungen.

Ich habe einfach drauflos geplottet und ganz viele Elemente in verschiedenen Farben vorbereitet. So habe ich gleich einen kleinen Vorrat und kann kombinieren.

Los geht's!

SCHWIERIGKEIT

PAPIER

MATERIAL

- Papier in verschiedenen Farben
- Karton A4
- Farben und Stifte
- Kleber, Wash-Tape
- 3D-Klebepunkte
- Schere

VORLAGEN

- puc_texte
- puc_girlanden_anhänger
- puc_rahmen
- puc_blume

Filigrane Elemente lassen sich perfekt mit einem kleinen Spatel anheben und von der Matte lösen.

Ich zeige auf den nächsten Seiten drei Karten, die du aus den Vorlagen basteln kannst. Das ist nur als Anregung gedacht. Du bist völlig frei, eigene Karten zu kreieren, das geht super mit dem Set.

KARTE 1

WILLKOMMEN BABY

DU BENÖTIGST

- Girlande
- Stern
- Rahmen „Willkommen"
- Schriftzug „baby"
- Kleber und 3D-Klebepunkte
- Washi-Tape
- Stift

Leg dir die Girlande zurecht und ordne die einzelnen Teile so an, dass sie gut sitzen.

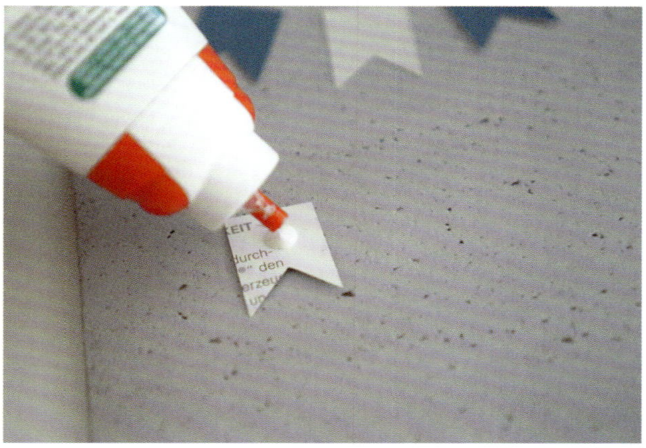

Klebe die unteren Fähnchen mit Kleber auf die Karte.

Als Nächstes klebst du die kleinen Fähnchen mit 3D-Klebepunkten in die Zwischenräume.

Jetzt wird der Stern mittig auf die Karte geklebt …

… und der Rahmen einfach darüber aufgebracht.

Ich habe zuletzt noch einen Streifen Washi-Tape unten auf die Karte geklebt und der Girlande mit einem Stift eine Naht gemalt.

Fertig ist deine Baby-Karte.

KARTE 2

DANKESKARTE

DU BENÖTIGST

- Große und kleine Blume
- Sprechblase
- Schriftzug „danke“ + Offset
- Kleber und 3D-Klebepunkte
- Washi-Tape
- Stift
- Knopf
- Sprühfarbe

Besprühe das Papier mittig mit der Farbe und lasse sie trocknen.

Gib ein wenig von der Sprühfarbe in eine Schüssel und tunke ein Schwämmchen in die Farbe.

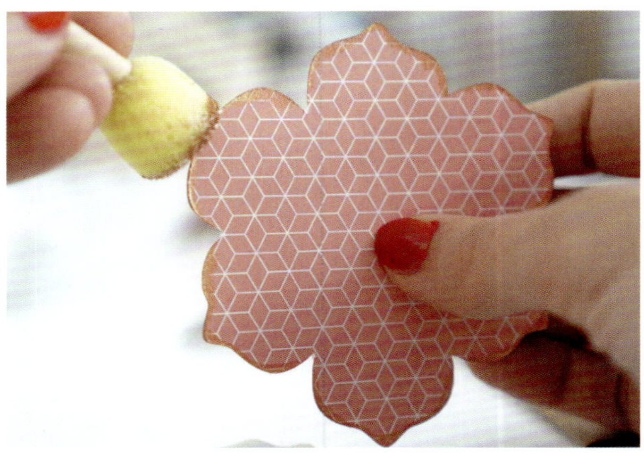

Tupfe die Farbe auf die Ränder der Blumen und der Sprechblase.

Nun klebst du den Schriftzug auf das Offset (Anleitung Offset Seite 53)

Jetzt klebst du die unterste Schicht der beiden Blumen auf deine Karte. Anschließend fixierst du die Sprechblase auf der Karte. Bei mir überlappt sie die Blumen leicht.

Befestige ausreichend 3D-Klebepunkte unter deinem Schriftzug …

… und klebe ihn dann auf die Sprechblase.

Als Nächstes klebst du die Blumen mit 3D-Klebepunkten aufeinander.

Ich habe danach noch einen Knopf auf die Sprechblase geklebt und den Rand der Karte mit Washi-Tape verziert.

Fertig ist deine Dankeskarte.

KARTE 3

HURRA-KARTE

DU BENÖTIGST

- Girlande
- Briefmarkenrahmen
- Ornamentrahmen
- Schriftzug „hurra“
- Rahmen „Für dich“
- Kleber und 3D-Klebepunkte
- Washi Tape
- Stift
- Sprühfarbe

Klebe die Wimpel mit 3D-Klebepunkten oben und unten auf die Karte.

Klebe nun die zwei Rahmen auf deine Karte. Den Ornament-Rahmen befestigst du mit 3D-Klebepunkten.

Die beiden Schriftzüge besprühst du mit der Farbe …

PAPIER & BESONDERES

… und klebst dann beides auf die Rahmen.

Als Letztes habe ich noch Herzen auf die Wimpel gemalt und Washi Tape auf die Karte geklebt.

Fertig ist deine Hurra-Karte.

ScanNCut

VORLAGEN KINDERLEICHT SCHNEIDEN

NUTZE DIE SCANFUNKTION, UM GEDRUCKTE VORLAGEN ODER BILDER PASSGENAU AUSZUSCHNEIDEN. LASST UNS DOCH MAL EIN TATTOO ERSTELLEN.

SCHRITT 1

VORBEREITEN

Ich nutze das Tattoo-Papier von Silhouette in weiß.

Du kannst ohne Weiteres auch Material von Silhouette mit deinem Plotter verarbeiten. Hier gibt es viel Auswahl und das Material ist perfekt zur Verarbeitung mit dem Plotter geeignet.

Drucke als Erstes die Vorlage „puc_tattoo" auf die glänzende Seite des Tattoo-Papiers. Öffne hierfür einfach das JPG oder PDF und drucke die Vorlage mit deinem Drucker auf das Papier.

Los geht's!

SCHWIERIGKEIT

PAPIER

MATERIAL

- Tattoo Paper von Silhouette
- Drucker

VORLAGEN

- puc_tattoo

Ziehe anschließend die Schutzfolie vom beiliegenden blauen Träger und klebe sie auf deinen Ausdruck. Den vorbereiteten Ausdruck platzierst du dann auf deiner Schneidematte und lädst diese.

SCHRITT 2

SCANNEN UND SCHNITTLINIEN ERSTELLEN

Wähle „Scannen“ auf dem Startbildschirm ...

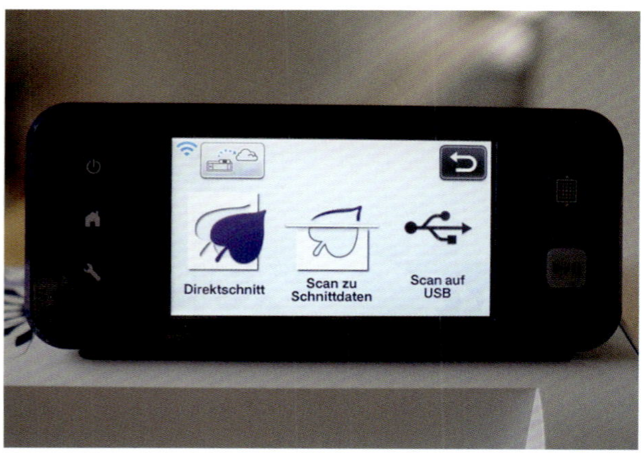

... und dann „Direktschnitt“ aus. Ich entscheide mich dazu direkt am ScanNCut weiterzuarbeiten und die Datei nicht vorher in Canvas zu öffnen.

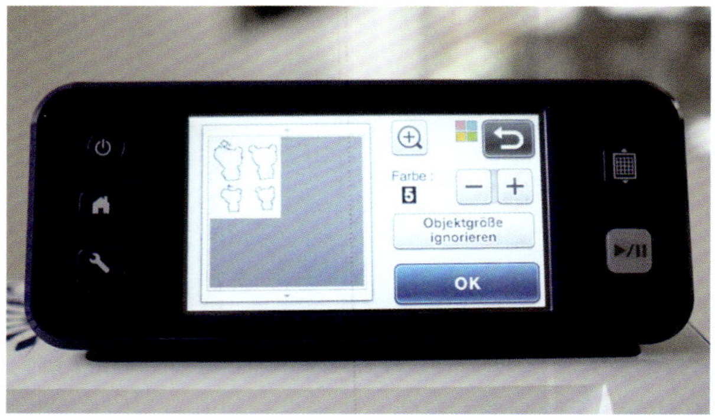

Dein Plotter schlägt dir nun die Schnittlinien vor, die er erkennen kann. Prüfe ob sie korrekt sind und ändere ggf. die Einstellungen, um ein besseres Ergebnis zu erhalten.

SCHRITT 3

PLOTTEN

Stelle dein Messer dann auf einen passenden Wert für dickeres Papier ein. Prüfe deine Einstellungen aber vorher unbedingt mit einem Testschnitt. Lasse deinen Plotter anschließend die Tattoos ausschneiden.

So sieht dein ausgeschnittenes Tattoo aus.

SCHRITT 4

„TÄTOWIEREN"

Um das Tattoo auf die Haut zu übertragen, musst du zuerst die Schutzfolie abziehen ...

... und es dann auf der gewünschte Stelle mit dem gedruckten Bild nach unten platziere.

Mit einem feuchten Tuch drückst du nun für ein paar Sekunden auf das Tattoo und weichst das Papier so etwas auf. Ziehe anschließend das Papier ab.

Fertig ist dein neues Tattoo!

CARL
Tina
Sarah
Hugo
Paul
laura
Mia
Willkommen Clara

WEITERE IDEE

BABYSHOWER

Nutze deine Zeichenfunktion in Verbindung mit ScanNCut, um einzigartige Geschenke, wie dieses Babyshower Gästebuch zu basteln.

1. Drucke den Hintergrund auf nicht zu dünnes Papier. Schreibe entweder einen eigenen Text in das Banner oder nutze die Variante auf der nur „Willkommen" ohne Namen steht.

2. Öffne die Datei „puc_ballons". Passe die Größen der Ballons passend zu deinem Ausdruck an und platziere so viele Ballons, wie du benötigst, auf deiner Schneidematte.

3. Sende die Schnittdatei der Ballons an deinen Plotter und schneide verschiedenfarbige Ballons aus Karton aus.

4. Erstelle aus den Ballonschnüren eine weitere Schnittdatei und sende sie an deinen Plotter. Setze deinen Zeichenstift anstelle des Messers ein und platziere den gedruckten Bogen auf der Matte. Lasse nun die Schnüre auf deine Karte zeichnen.

5. Anschließend kannst du deine Karte noch von deinem Plotter ausschneiden lassen. Ziehe hierfür einfach ein Rechteck um deine Karte und lass deinen Plotter den Rest der Arbeit tun.

5. Fertig! Jetzt kannst du die Karte in einem schönen Rahmen ohne Glas oder etwas Ähnlichem befestigen und die Ballons mit Stiften und Kleber bereitlegen. So können sich alle Gäste verewigen und du hast anschließend eine tolle Deko fürs Kinderzimmer.

Los geht's!

SCHWIERIGKEIT ★★★☆☆

PAPIER

MATERIAL

- Weißer Karton
- Silhouette Sketch Pens oder Stifte mit Stifthalter
- Kleber
- 3D Klebepunkte
- Rahmen ohne Glas

VORLAGEN

- puc_hintergrund
- puc_puc_ballons

Tipp

Du kannst auch einen beliebigen anderen Hintergrund verwenden. Bereits gemustertes Papier funktioniert auch super.

Stifte

LETTERING IN BLITZSCHNELL

NUTZE STIFTE UM AUF VERSCHIEDENE MATERIALIEN ZU MALEN

SCHRITT 1
VORBEREITEN

Öffne die Datei „puc_familie“ in deiner Software und skaliere den Spruch auf deine gewünschte Größe.

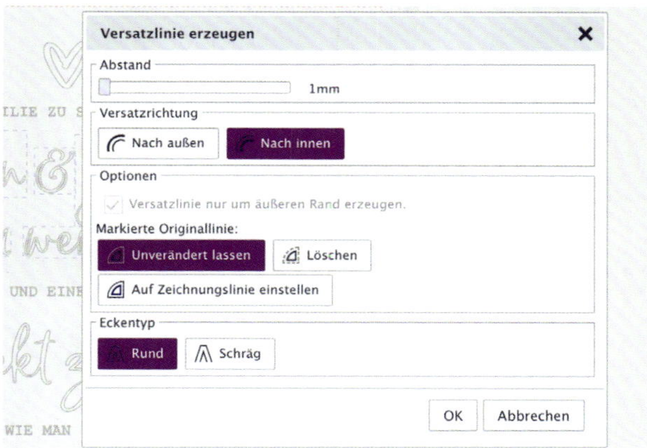

Markiere nur die Schreibschrift und füge noch eine innere Versatzlinie hinzu. So wird deine Schrift später noch zusätzlich innen ausgemalt.

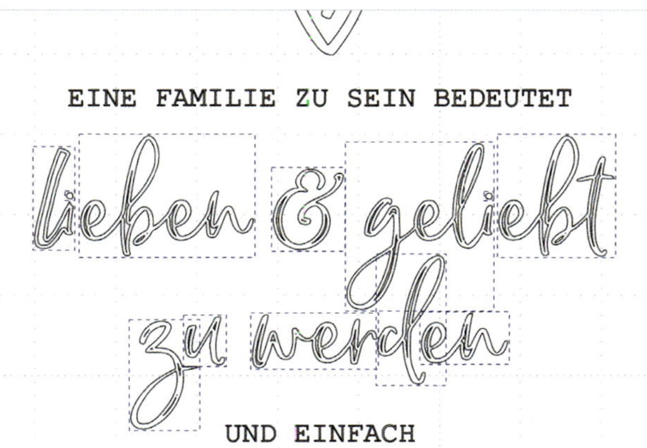

Los geht's!

SCHWIERIGKEIT

PAPIER

MATERIAL

- Karton oder hochwertiges Papier zum Zeichnen
- Brother Stifte und Stifthalter
- Brother Universal-Stifthalter
- Stifte

VORLAGEN

- puc_familie

Tipp

Nutze dicke und dünne Stifte, um besondere Effekte zu erzielen.

SCHRITT 2

PLOTTEN

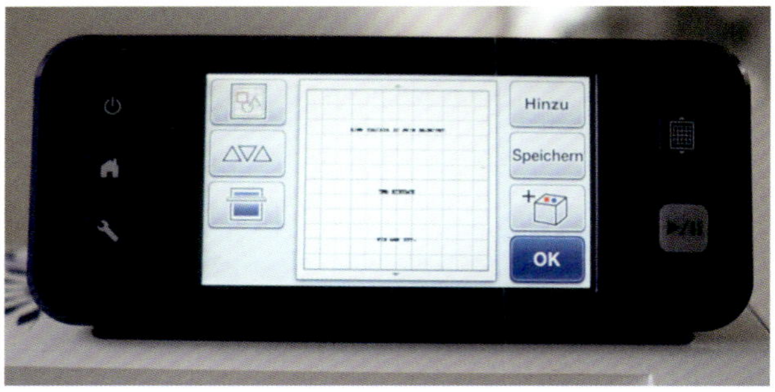

Sende die Datei an deinen Plotter und teile diese je nach deinen Wünschen vorher auf. Für jede Farbe benötigst du eine eigene Datei. Ich entscheide mich für eine Farbe je Schriftart. Achte beim Herunterladen darauf, dass jede Datei gleich positioniert ist, du also nur die Elemente von der Schneidematte löscht, die du in diesem Schritt nicht zeichnen willst und dabei nichts verschiebst.

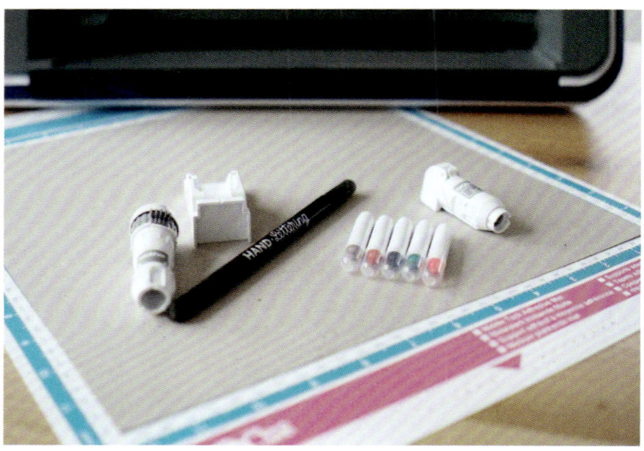

Klebe dein Material auf die Schneidematte und lege deine Stifte bereit.

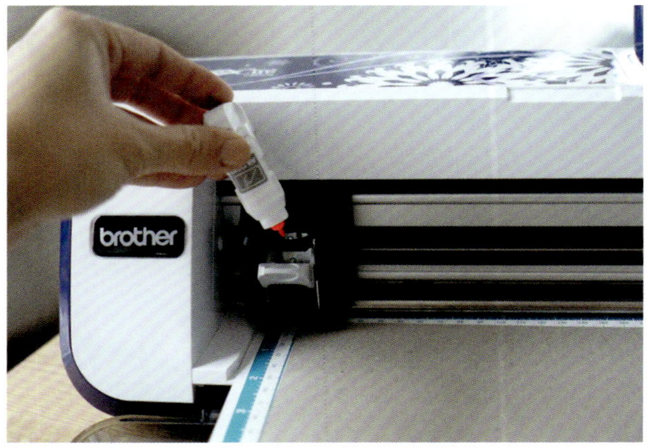

Setze deinen ersten Stift in den Plotter ein. Ich nutze für die Druckbuchstaben einen Stift von Brother im Stifthalter. Dieser lässt sich so einfach wie das Messer einsetzen.

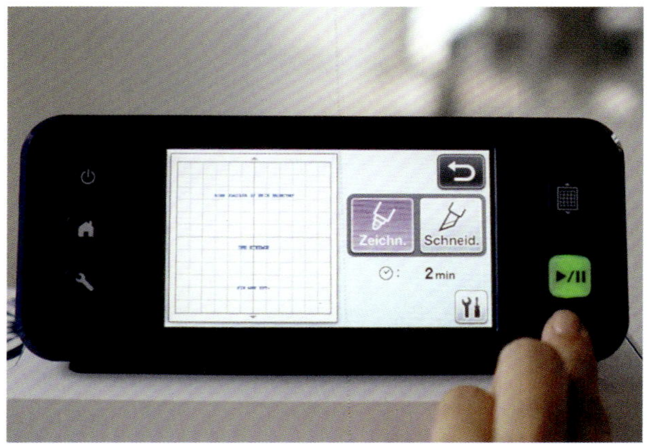

Sende den Auftrag an deinen Plotter und wähle diesmal statt „Schneiden", „Zeichnen" aus und klicke dann auf den Start-Knopf.

Dein Plotter zeichnet nun die Schneidelinien, statt sie mit dem Messer zu schneiden. Da er die Ränder nachzeichnet, entstehen Buchstaben mit Konturlinie. Je kleiner die Buchstaben sind, desto weniger fällt das auf.

Für die Schreibschrift nutze ich einen Letteringstift. Um diesen nutzen zu können, benötigst du den Universal-Stifthalter. In diesen kannst du alle möglichen Stifte einsetzen und durch zudrehen fixieren. Zusätzlich ist ein Werkzeug dabei, in das du den Stift im Stifthalter einsetzen und die Stiftspitze so kinderleicht auf die richtige Länge einstellen kannst.

Setze den Universalstifthalter in deinen Plotter ein und übertrage die Schnittdatei der Handschrift auf deinen Plotter. Starte anschließend den Malvorgang.

FERTIG IST DEIN LETTERING.

AUF DIESE WEISE, KANNST DU AUCH ZEICHNUNGEN ÜBERTRAGEN. DIE MÖGLICHKEITEN SIND FAST GRENZENLOS.

Schrumpffolie

ANHÄNGER SCHRUMPEN

MIT DEM SUPERCOOLEN BEDRUCKBAREN SHRINK PLASTIK VON SILHOUETTE SIND DEINER FANTASIE KEINE GRENZEN GESETZT. DU KANNST DICH RICHTIG AUSTOBEN.

SCHRITT 1
VORBEREITEN

Lege zuerst dein Material zurecht, damit du gleich alles griffbereit hast. Das Shrink Plastic von Silhouette gibt es in zwei verschiedenen Farben – weiß und transparent. Welche Farbe du nutzt, ist dir überlassen.

Lege das Material in den Drucker ein. Du merkst beim weißen Plastik auf der zu bedruckenden Seite einen ganz leichten papierähnlichen Film, auf dieser Seite musst du drucken. Das transparente Plastik hat auf der Rückseite einen Bogen Trägermaterial mit dem Silhouette-Logo darauf. Daran erkennst du sehr gut, wo gedruckt werden soll.

Drucke nun die Vorlage auf das Material.

Los geht's!

SCHWIERIGKEIT

PAPIER

MATERIAL

- Silhouette Shrink Plasic Sheets in Transparent oder Weiß (Quelle: kreativplotter.de)
- Drucker
- Backofen

VORLAGE

- puc_shrink
- puc_shrink_schneidelinien

Tipp

Du kannst wirklich alles auf die Bögen drucken. Sei kreativ und lass dir etwas einfallen. Ich bin mir sicher, es wird toll!

SCHRITT 2

PLOTTEN

Öffne „puc_shrink_schneidelinien". Hier habe ich für dich schon alles vorbereitet. Du musst nur noch die Linien passgenau über deinen Ausdruck setzen.

Dies kannst du ganz einfach, indem du die Schneidematte mit dem Ausdruck scannst und als Hintergrund lädst.

Alternativ kannst du natürlich, wie im Tutorial vorher, die Schnittlinien mit deinem Plotter selbst erstellen.

Stelle nun das Messer auf einen mittleren Wert. Taste dich an den korrekten Wert mit dem Testschnitt heran.

Wenn alles passt, kannst du die Datei an den Plotter senden.

Entlade deine Schneidematte und löse die Teile vorsichtig.

Jetzt sind deine Anhänger nur noch etwas groß. Aber das ändert sich gleich!

SCHRITT 4

SCHRUMPFEN

Heize den Backofen auf 160 Grad Ober-/Unterhitze auf. Nimm dein Backblech heraus und lege die Anhänger mit ausreichend Abstand zueinander hin.

Wenn der Ofen die Temperatur erreicht hat, kannst du das Backblech reinschieben. Jetzt wird es spannend! Zuerst bleibt es ein paar Sekunden still. Doch dann wird deine Folie anfangen sich zusammenzuziehen und die wildesten Verbiegungen machen.

Keine Panik! Das ist alles normal. Schau dir an, wie sich das Plastik zusammenzieht und langsam wieder glättet. Warte noch ein paar Sekunden ab und hole dann das Blech aus dem Ofen.

Presse die Anhänger sofort mit etwas Flachem ganz glatt. Ich habe eine Schale mit flachem Boden genommen.

Wenn sich etwas umgebogen hat und nicht richtig glatt geworden ist, hast du jetzt kurz die Möglichkeit es geradezubiegen und dann platt zu drücken. Du musst aber wirklich schnell sein! Das Plastik wird sehr schnell hart.

So sehen deine Anhänger fertig aus. Sie haben jetzt nur noch etwa ein Drittel der Ausgangsgröße, sind viel dicker und hart. Perfekt für Schlüsselanhänger, Knöpfe, Schmuck und alles, was dir noch einfällt!

Hier sieht man sehr gut den Vergleich zur Ausgangsgröße.

Natürlich kannst du auch eigene Fotos und Vorlagen auf das Material drucken. Wie wäre es mit Logoknöpfen? Oder mit einem Adressanhänger für den Rucksack von deinem Kind? Ein schönes Mobile mit süßen Tieren? Oder doch lieber einen Kettenanhänger für dich?

Hier ein bisschen Inspiration, welche Projekte sich noch umsetzen lassen.

IDEEN

LOGOBUTTONS

Platziere dein Logo auf einen Bogen. Bedenke dabei, dass es auf ein Drittel der Ausgangsgröße schrumpfen wird.

Wenn dein Logo zu komplex ist, kannst du es auf einem farbigen Kreis platzieren, den du später ausschneidest.

Drucke den Bogen aus und lege in deiner Software die passenden Schneidelinien an. Füge nun noch Löcher hinzu, wenn du die Buttons später annähen möchtest.

Plotte den Bogen und schrumpfe anschließend die Buttons im Ofen.

Fertig sind deine eigenen Logobuttons!

Richtig cool wird es, wenn du Fotos schrumpfst. Sie wirken dann extrem detailliert und sind farblich brillant.

Füge dafür deine Fotos auf den Druckbogen ein und platziere sie entweder in einem Rahmen oder als Rechteck. Wenn du sie als Schlüsselanhänger nutzen willst, kannst du auch wieder ein Loch einfügen.

Dann wieder drucken, Schnittlinien anlegen, plotten und schrumpfen.

Fertig ist dein geschrumpftes Foto!

XOXO

Troubleshooting

DIE HÄUFIGSTEN FEHLER

SCHNEIDEMATTENPROBLEME

SCHNEIDET DAS MESSER IN DIE SCHNEIDEMATTE?
Gerade beim Arbeiten mit Papier lässt sich das kaum verhindern. Du solltest aber darauf achten, dass die Matte nicht beschädigt oder gar durchgeschnitten wird.

WARUM BEWEGT SICH DAS MATERIAL BEIM SCHNEIDEN?
Dann klebt deine Schneidematte wohl nicht mehr richtig. Das passiert nach einer Weile und ist ganz normal. Bevor du eine neue Matte kaufst, kannst du noch probieren sie zu reinigen oder den Kleber auffrischen.

Deine Schneidematte bleibt länger einsatzbereit, wenn du sie stets vor Staub schützt und nicht unnötig berührst.

DIE SCHNEIDEMATTE KOMMT NICHT MEHR RAUS!
Wenn sich die Schneidematte nicht mehr entladen lässt, folge diesen Schritten:

• Schalte deinen Plotter aus.

• Stecke den Stecker der Maschine komplett aus.

• Warte eine Minute, bis sich der Reststrom entladen hat.

• Stecke deinen Plotter wieder ein.

• Drücke nun den Knopf zum Entladen so oft, bis die Matte wieder draußen ist.

Diese Schritte helfen auch, bei anderen Fehlern, wenn dein Plotter sich aufhängt.

PLOTTPROBLEME

WARUM SCHNEIDET DER PLOTTER NICHT RICHTIG?
Hierfür kann es mehrere Ursachen geben:

• Keine Schneidelinien: Hast du deine Datei so vorbereitet, dass sie Schneidelinien hat?

• Falsche Einstellung: Stimmen deine Messereinstellungen?

• Kein Messer: Ja, das passiert auch mir manchmal.

• Messer nicht richtig eingesetzt: Prüfe, ob das Messer richtig eingesetzt ist. Vielleicht sitzt es zu hoch und kann daher nicht schneiden.

• Der Halter ist nicht gesperrt: Hast du die Halterung wieder festgestellt? Ansonsten rutscht das Messer bei Andruck immer wieder nach oben.

• Messer reinigen: Prüfe, ob dein Messer sauber ist und befreie es von Folien- oder Papierresten.

• Plotter ist nicht verbunden: Ist der Plotter an den Strom angeschlossen?

• Schneidematte ist nicht richtig geladen: Wurden die Schneidematte oder das Material richtig geladen?

Probleme mit Dateien

ICH KANN DIE DXF-DATEI NICHT ÖFFNEN
Canvas kann zwar angeblich DXF verarbeiten. Dies ist aber zu 99% nicht der Fall. Arbeite am besten immer mit SVG-Dateien.

DIE DATEI IST ZU KLEIN
Mehrfarbige Dateien sind bei Paul & Clara in Schritte aufgeteilt. Daher sind die Dateien beim Öffnen sehr klein. Du musst alles markieren und die Datei auf die gewünschte Größe skalieren. Anhand des letzten Schrittes – der Vorschau – kannst du die endgültige Größe sehen.

DIE ELEMENTE LASSEN SICH NICHT VERSCHIEBEN
Ist die Gruppierung der Elemente aufgehoben? Wähle rechte Maustaste – „Gruppierung aufheben". Danach sollten alle Elemente auswählbar sein. Ansonsten ist es manchmal sogar notwendig den verknüpften Pfad zu lösen.

ScanNCut Probleme

DAS MOTIV WIRD VERSETZT GESCHNITTEN
Beleuchte beim Scannen den Plotter mit einer hellen Lichtquelle, das hilft bei vielen Problemen und wirkt oft Wunder.

Probleme beim Entgittern

ICH SEHE KEINE SCHNEIDELINIEN
Wenn du keine Linien siehst, kannst du zum einen versuchen, das Licht entsprechend auf den Plott zu richten, damit du die Linien besser siehst.

Ein weiterer Trick, ist mit ein wenig Kreide über den Plott zu streichen. Auf diese Weise werden die Linien deutlicher. Die Kreide kannst du anschließend einfach wieder abwischen.

DIE FOLIE LÖST SICH BEIM ENTGITTERN NICHT UND REISST
Waren alle Einstellungen richtig und ist das Messer sauber? Dann liegt es häufig an der Folie. Entweder die Folie ist zu alt oder die Qualität ist unzureichend. Schlechte Folie kann einem die Freude am Plotten nehmen. Halte dich nicht damit auf und kaufe in Zukunft nur noch hochwertige Folie.

Probleme beim Pressen

MEIN PLOTT LÖST SICH
Wenn ein Plott nicht richtig hält, hat etwas beim Pressen nicht funktioniert.

Zuerst ist es wichtig, die Herstellerempfehlung für deine Folie zu prüfen. Kontrolliere auch, ob die Temperatur nicht zu heiß oder zu niedrig war. Es kann auch sein, dass der Druck nicht hoch genug war. Das passiert schnell, wenn man nur mit einem Bügeleisen presst und nicht mit einer Transferpresse.

Um deinen Plott zu retten, kannst du ihn einfach noch einmal anpressen. Es kann sein, dass dies von Zeit zu Zeit wiederholt werden muss.

Wichtig ist auch, den Stoff vor dem Pressen einmal vorzupressen. Dadurch verringert sich die Imprägnierung des Stoffes. Und du solltest auf keinen Fall beim Vorwaschen von Stoffen Weichspüler verwenden. Das kann auch zu Problemen führen.

FEHLERMELDUNGEN CANVAS

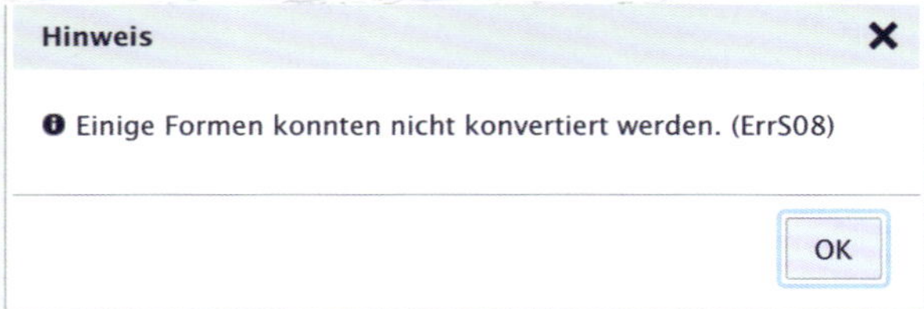

Erscheint beim Öffnen einer SVG. Dann sind Formen enthalten, die nicht konvertiert werden können und daher nicht geöffnet werden. Das passiert z. B. wenn Schriften nicht in Pfade konvertiert wurden oder Pixeldateien enthalten sind.

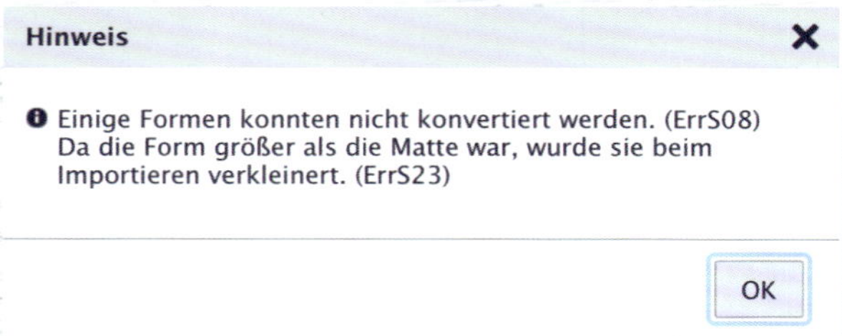

Fehlermeldung beim Öffnen einer SVG. Hier ist die Datei größer angelegt, als die Schneidematte und wird auf deren Größe verkleinert. Hat in der Regel keinerlei Auswirkung auf die Datei.

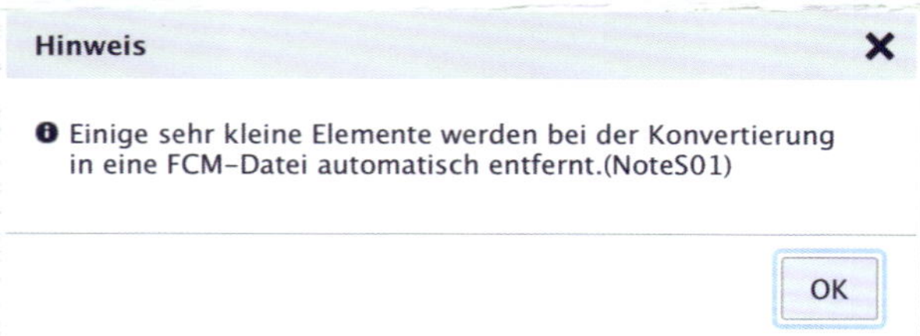

Erscheint beim Herunterladen der Datei aus Canvas, um diese an den Plotter zu senden. Hierbei werden sehr kleine Formen entfernt, die der Plotter nicht schneiden könnte. Hat meist keine Auswirkung auf den Plott.

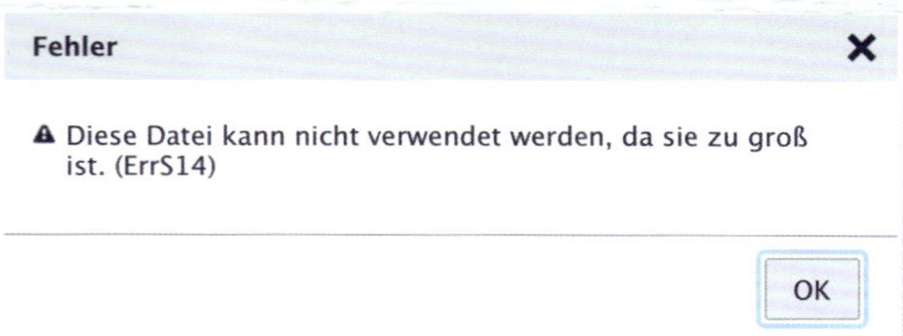

Die Datei wurde nicht passend für Canvas abgespeichert und muss vor der Verwendung z. B. in Inkscape nochmal neu als SVG abgespeichert werden.

DARSTELLUNGSPROBLEME

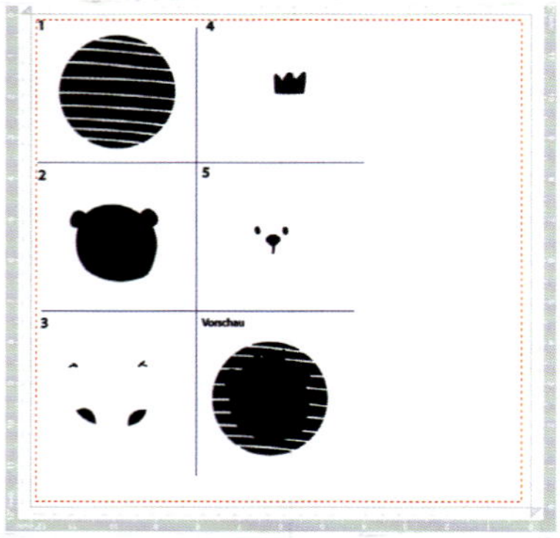

Wird eine SVG nach dem Öffnen komplett schwarz angezeigt, kannst du über „Ansicht“ die Darstellung ändern.

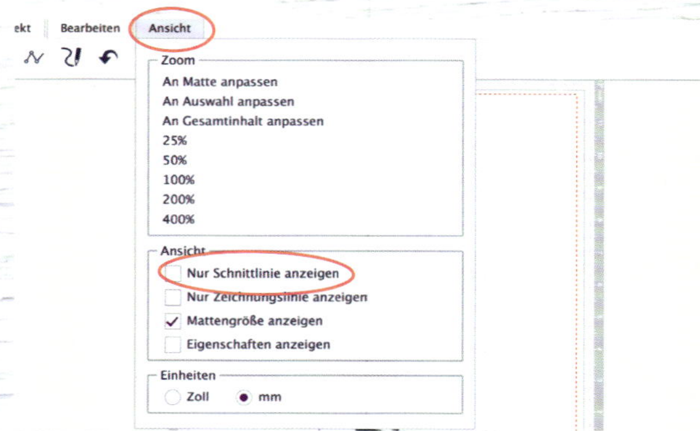

Wähle „Nur Schnittlinien anzeigen“, ...

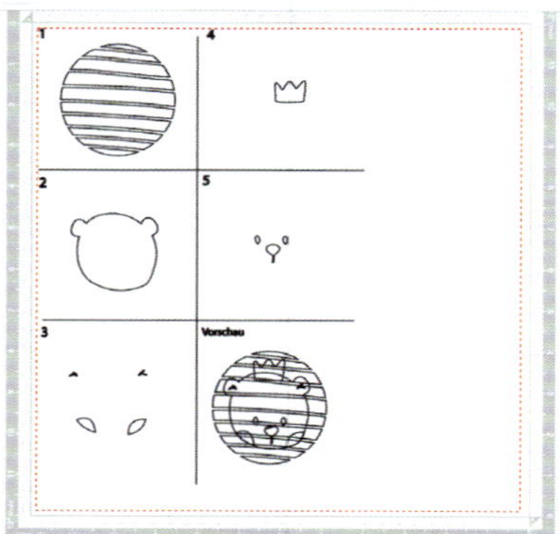

... dann siehst du alle Schnittlinien und auch die Innenteile deiner Datei.

Wenn deine Datei nach dem Öffnen eine schwarze Kontur hat, kannst du sie, wenn sie dich stört, ausblenden.

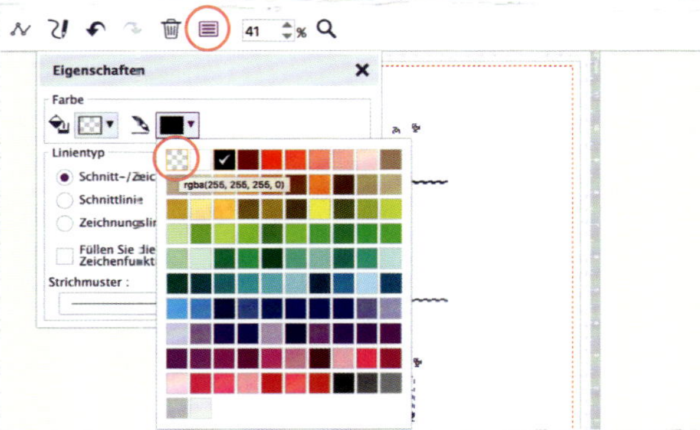

Wähle hierfür alles mit „A“ aus und klicke auf die Konturfarbe. Stelle sie auf Transparent.

Jetzt siehst du die Datei ohne die störende Kontur.

Was ich noch sagen wollte ...

Vor fast zwei Jahren hätte ich nie zu träumen gewagt, eine so erfolgreiche Seite zu betreiben und nun sogar ein eigenes Buch zu schreiben. Doch so kann man sich irren. Eine spannende Zeit liegt hinter mir, in der ich die Ehre hatte, ganz wundervolle Menschen kennenzulernen, die meinen Weg begleitet, mich unterstützt und mir den Rücken gestärkt haben. Und genau diesen Menschen möchte ich einfach kurz DANKE sagen. DANKE für euer Vertrauen in mich, für eure Unterstützung und eure Treue!

Mia, Verona, Sarah, Amelie, Christina, Sandra, Patricia, Steffi, Steffy, Bianca, Steffi, Lila, Louisa, An Gi, Melanie, Dajana, Ulrike, Paulina, Sabrina, Denise, Franzi, Janine, Anne, JuLia, Jette, Silvana, Daniela, Anna, Sandra, Angelika, Jennifer, Maddy, Sandra, Christine, Sandra, Maren, Annkatrin, Doris, Jeannette, Veronika, Diandra, Jessika, Juliane, Constanze, Notburga, Jennifer, Kristin, Katharina, Lana, Linn, Nadja, Bianca, Sarah, Katharina, Bree, Vanessa, Nadine, Erna, Anne, Julia, Jasmin, Beate, Verena, Claudia, Susi, Katharina, Nadine, Maarika, Bianca, Kirstin, Lisa, Peggy, Nina, Daniela, Katrin, Irene, Viktoria, Christine, Linda, Beate, Nicole, Ines, Dana, Jennifer, Carolin, Christine, Sybille, Susanne, Kathrin, Isa, Jasmin, Stefanie-Maria, Elisabeth, Claudia, Sarah, Yvonne, Melanie, Svenja, Anna Maria, Julia, Kathrin, Lexa, Inga, Ardnas, Jeannine, Franziska, Sabrina, Yasemin, Natascha , Larissa, Nadine, Anna-Lena, Sandra, Iris, Mia, Gila, Mandy, Cindy, Anna, Tugba, Anna, Michaela, Jenni, Janina, Manou und viele, viele mehr!

Aber ganz besonders möchte ich meiner Familie und meinem Mann danken. Sebastian, ohne dich hätte ich nie den Mut gehabt. DANKE, dass du mir so manche Nacht am Laptop verzeihst und verstehst, mit wie viel Herzblut ich an meinem Label hänge.

Ein ganz großes DANKE auch an meinen Papa, du bist eine wahnsinnig tolle Unterstützung und immer sofort da, wenn ich deine Hilfe brauche.

Und Clara, DANKE dass du deine Mama auch mal arbeiten lässt, abends brav schläfst und unser Sonnenschein bist.

Wir lieben dich und Paul sehr!

Mitwirkende

Dieses Buch ist in Zusammenarbeit mit einer Gruppe von ganz wundervollen Frauen entstanden, die all ihr Fachwissen mit eingebracht haben, damit das Buch zu etwas ganz Besonderem wird.

Danke für eure Mithilfe und eure Unterstützung!

Susanne Hartmann von Plotternähhexe

Franziska Riesen von made by Franzi

Jessica Harbig

Christina Stepnow

Ann-Kathrin Dietrich-Graubner von Made by Sinja

Tina Heimer

Anke Naujoks

Dajana Mielke von Mahalu Design

Janis Stemper von Joeve

Peggy Schröter von Milys genähtes Glück

Anja Kriese

Janin Krause von TilliNinchen

Kristin Rost von Liolie

Janine Polenz von Ja Li Po mit Liebe gemacht

Stefanie Bruckmann-Alicki

Rebecca Aichele

Manuela Henße von Liebelei by manue

Andrea Meyer von Filame Naeht

Diana Heinrich von Zwinker Faden

Sina Schaub-Ochmann von SiBeLy Art

Stephanie Schaffrin von Stoffzeiten

Susi Köpping von Smoth - Susi's matter of the heart

Lieblingsshops

KREATIVPLOTTER.DE

Hier findest du alles, was das Plotterherz begehrt. Vor allem das exklusive Silhouette-Material!

ALLES-FUER-SELBERMACHER.DE

Wenn man Stoffe, Zubehör oder Folien sucht, findet man auf jeden Fall ganz viele tolle Dinge bei Alles für Selbermacher. Ein einzigartiger Shop, der mit viel Liebe geführt wird.

HAPPYFABRIC.DE

Vor allem die Thermotransferpresse HappyPress hat es mir angetan. Außerdem findest du aber auch tolle Folien, Plotterzubehör und einen super Service.

KREATIVMANUFAKTUR.BAYERN

Ein liebevoll geführter Shop für alle Selbermacher. Vor allem die Folien haben eine sehr gute Qualität.

NAEHPARK.COM

Für mich der beste Shop rund um Nähmaschinen und Brother-Plotter sowie Zubehör. Die Beratung und der Service sind perfekt!

Notizen

Impressum

Gestaltung und Satz: Sarah Maria Kalweit

Herausgeber: Paul & Clara
Sarah Maria Kalweit
Richard-Breitenfeld-Straße 48
60438 Frankfurt am Main

www.paulundclara.com

1. Auflage – Dezember 2017

ISBN: 978-3-9819487-0-7